만 2세부터 시작하는 덧셈뺄셈 구구단 수학 공부법

기적의 계산력

만 2세부터 시작하는 덧셈뺄셈 구구단 수학 공부법

기적의 계산력

구보타 가요코, 구보타 기소 지음
최려진 옮김

로그인

계산력을 키우면
배려심 있는 아이로 자란다

나는 언제나 자녀 양육에서 '계산력 키우기'를 중시했다. 다만 계산력에 집중한 책은 지금껏 한 권도 내놓은 적 없다. 여든네 살을 맞아서 이것만은 말해두어야 한다는 마음이 솟았기에 계산력 책을 출판하기로 결심했다.

어째서 일찍부터 계산력을 키우면 도움이 될까? 왜 수학적 감각을 새겨두어야 할까?

나 자신이 산수나 수학에서 얻은 이득을 꼽아보자면 무엇보다 논리 구성이 빠르다는 점과 어림수를 대략적으로 파악할 때 실수가 매우 적다는 점을 들 수 있다.

산수와 수학의 도움 없이는 합리적인 발상이나 창조적인 발상을 할 수 없다.

계산력을 키우고 수학적 감각을 단련하자고 하면 논리적(합리적)인 사고력을 갈고 닦는 훈련을 떠올리기 쉽지만 여기서 말하려는 내용은 그것만이 아니다.

인간으로서 살아가는 기본이지만 요즘 교육에서 소홀히 하는 정서와 배려를 깃들게 하는 것, 이것이 내가 계산력을 무엇보다도 중시하는 이유다. 계산력을 단련하여 뇌의 전전두영역이 활성화되면 사회성이 발달하고 정서와 배려심이 풍부해진다.

최근 뇌과학 연구의 최전선에서 충격적인 연구 결과가 발표되었다. 아동의 암산 속도가 지능지수(IQ), 암기력, 읽고 쓰는 능력과 관계없다는 것이다. 즉 선천적인 감각과 상관없이, 암산 횟수가 많으면 많을수록 계산이 빨라지고 뇌의 해마 용량도 커진다. 건강한 아이라면 누구라도 선천적 능력과 상관없이 암산을 잘할 수 있다는 의미다.

미국에서 가장 신뢰받는 심리학 저널에서도 놀라운 내용이 발표되었다.

국어, 산수, 사회 중에서 산수 능력이 높을수록 인생에서 성공할 확률이 높다는 사실이 증명된 것이다.

산수의 열쇠는 암산이다.

놀랍지 않은가?

이 책에서 '따라 읽기만 해도 계산력이 생기는 덧셈뺄셈 구구단'을 사용한 '암산법'을 처음으로 공개한다.

한 자릿수 덧셈, 뺄셈 구구단을 따라 읽기만 해도 0의 개념과 초등 1학년 계산력의 기본을 사연스럽게 체득할 수 있는 획기적인 방법이다(그 이상으로 나아가고 싶은 분들에게는 슈퍼 엘리트 양성 특별 강의도 있으니 기대해도 좋다).

0의 개념은 내가 계산력에서 가장 중시하는 것이다. 어째서 구보타식 육아법에서는 0을 중시할까?

0을 가르치지 않으면 산수를 배울 필요 없다고 할 만큼 0의 개념은 대단히 중요하다.

시중에서 찾아볼 수 있는 덧셈 포스터를 보면 1+1=2부터 시작

6

하는 것뿐이고, 이 책처럼 0+0=0부터 시작하는 것은 거의 없다.

0을 일찍부터 제대로 알려줌으로써 계산력이 키워지고 산수를 좋아하는 아이가 되어 후에 수학적 감각이 꽃피게 된다.

이 책에서는 먼저 계산력의 토대를 만드는 여섯 가지 '행동패턴 학습법'을 소개한다. 생활습관의 기본 동작을 익혀두지 않으면 계산력 훈련이 소용없기 때문이다.

계산력의 토대를 갖춘 후 덧셈뺄셈 구구단을 암송해서 계산력을 키우면 다른 아이와는 전혀 다른 속도로 수 감각이 연마되어 두 살짜리도 초등 1학년 수준의 계산을 할 수 있게 된다.

지금이야말로 '암산법'을 평생의 재산으로서 아이에게 선물해 줄 때다. 계산력이라는 강력한 무기로 세상의 거친 파도를 헤쳐나가는 아이로 키우기 바란다.

어머니 아버지 여러분을 응원한다.

2016년 7월

뇌과학 할머니 구보타 가요코

세계적으로 가장 권위 있는 뇌과학 학회 '미국신경과학회'에 일본인 중 가장 많은 100편 이상의 연구 실적을 발표한 뇌과학의 권위자 구보타 기소(84세).

20년 동안 영유아 3,000명 이상의 뇌를 활성화시켜왔으며 방송을 통해 뇌과학 할머니로 잘 알려진 구보타 가요코(84세).

이 두 사람이 계산력 향상의 비밀병기를 개발했다. 바로 이 책에서 최초 공개하는 '기적의 덧셈뺄셈 구구단'이다. 덧셈뺄셈 구구단을 따라 읽기만 해도 0의 개념과 초등 1학년을 마칠 때 수준의 계산력을 익힐 수 있다.

1장에서는 어떻게 하면 초등학교 입학 전에 계산력을 갖출 수 있는지 설명한다.

2장에서는 계산력의 토대를 만드는 여섯 가지 행동패턴 학습법을 제시한다.

3장에서는 덧셈뺄셈 구구단을 사용한 계산력 향상 트레이닝을 소개한다.

본문 중간중간에 나오는 〈기소 박사의 한마디〉에서는 학습법에 대한 과학적, 전통적인 설명을 들려주고 주의해야 할 사항을 정리했다.

권말 부록으로 덧셈뺄셈 구구단 포스터를 제공한다. 벽에 붙여 놓고 아이와 함께 큰 소리로 즐겁게 읽기 바란다. 일찍부터 하면 초등학교 1학년 입학식을 앞둘 무렵에는 다른 아이들과 차이가 크게 벌어질 것이다.

 **차 례**

 1장

뇌과학 할머니가 처음으로 알려주는
계산력의 비밀

2장 계산력의 토대를 만든다!
행동패턴 학습법

4장 뇌과학자 기소 박사의
슈퍼엘리트 양성 특별강의

1장

뇌과학 할머니가 처음으로 알려주는

계산력의 비밀

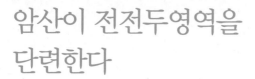

암산이 전전두영역을
단련한다

누구나 대학에 갈 수 있게 된 지금도 일류대학에 가기 위해서는 어려운 시험을 통과해야 한다.

전 세계 대학관계자들에게는 입학시험에서 수학 성적이 좋은 학생이 대학에서 성적도 좋고 취직 후에도 성공하는 비율이 높다는 것이 상식이다.

개인뿐 아니라 국력에서도 수학 실력이 좋을수록 국내총생산(GDP)이 커지는 경향이 있으므로 OECD(경제협력개발기구)의 국제학업성취도평가(PISA)에서도 수학 실력을 중시하며 몇 년에 한 번씩 가맹국 학생들의 수학적 능력(응용력)을 조사한다.

수학에 강해지려면 수로 생각할 수 있어야 한다.

그러기 위해서 우선 가장 기초가 되는 산수에 강해져야 하고 수 계산이 가능해야만 한다.

도구를 사용하지 않고 하는 수 계산이 암산이다. 암산은 뇌에서 가장 중요한 부분인 전전두영역에서 수행한다. 암산은 영어로는 멘털 캘큘레이션(mental calculation), 한자로는 심산(心算)이라고 한다.

암산은 뇌로 하는 것이 분명한데 암산(暗算)의 한자 뜻은 필산(筆算)의 반대말로서 '쓰지 않고 하는 것'이다. 그래서 '암산이란 수로 생각하는 것'이라고 인식하기 어렵다.

5 더하기 2는 7
5 더하기 3은 8

전전두영역

일찍부터 암산을 하면
뇌가 똑똑해진다!

하지만 수로 생각하는 암산은 전전두영역을 단련하는 중요한 방법이어서 가능한 한 빨리 철저하게 하도록 만드는 것이 좋다.

1~9, 10까지 숫자를 말할 수 있으면 시작할 수 있으므로 이 책에서는 일찍부터 하기를 권한다.

나는 어렸을 때부터 산수에 강하고 계산을 잘했다. 그래서 어린 시절부터 비교적 합리적인 사고를 할 수 있었던 것 같다. 이것은 선척적인 자질이라기보다 부모님이 후천적으로 훈련시켰기 때문이다.

나중에 아버지가 경영하는 회사를 물려주려고 초등학교 입학 전부터 경영 훈련을 시켰던 것이다. 그 덕분에 '이 상품을 팔면 얼마나 이득이 생길까' 같은 계산을 어릴 때부터 즉석에서 할 수 있었다.

초등학교 때 부모님은 내게 용돈을 주고 조금씩 모으라고 하셨다. 은행과 우체국 중 어디 맡겨야 빨리 불어날지, 어디의 금리가 좋고 이자가 언제 붙는지 조사해서 예금했다. 직접 입출금을 하면서 유리한 방향으로 용돈을 관리했다.

뇌의 전전두영역이 활발하게 활동하면 학교 공부도 잘하게 될 뿐 아니라 사회성이 좋아져 다른 사람들과도 잘 어울린다. 상대가 하는 말을 잘 이해하고 기분도 잘 알아채어 다른 사람의 정서를 이해하고 배려할 수 있게 된다.

남편인 뇌과학자 구보타 기소에 의하면 전전두영역이 발달한 사람이 취직 후에도 수입이 높은 자리를 맡거나 결혼생활도 원만한 경향이 있다고 한다. 또 병에 잘 걸리지 않으며 오래 사는 경향도 있다는 것이 최신 뇌과학 연구로 뒷받침되었다.

뇌과학의 권위자도 깜짝 놀란
최신 뇌과학 연구 결과

남편 구보타 기소도 2014~2015년에 수행된 아동의 계산 메커니

즘 연구 결과에 깜짝 놀랐다고 한다.

어떤 결과였을까?

아동(대상은 초등학교 저학년, 7~10세)도 성인도 계산은 전전두영역

에서 한다.

계산이란 수로 생각하는 것이므로 당연히 전전두영역에서 수

행하는데, 아동은 전전두영역에서 계산한 해답을 전전두영역에

서 단기기억으로 저장한다.

한편 성인도 계산을 할 때는 전전두영역에서 하지만 해답을 저

장할 때는 해마와 두정엽에서 장기기억으로 저장한다.

수를 셀 수 있게 된 아이에게 '1 더하기 1은 몇이지?' 하고 물어보면 아이는 1이라고 할 때 고개를 까딱이거나 손가락을 하나 접는다. 이어서 더하기 1이라고 할 때 처음에 1을 말할 때처럼 고개를 까딱이거나 손가락을 하나 더 접으며 2라고 대답한다.

그런데 '응? 1 더하기 1이 몇이라고?' 하고 다시 물으면 아이는 잘 대답하지 못한다. 아이들은 금방 잊어버리기 때문이다. 때로는 틀린 답을 할 때도 있다. 아이들은 계산할 때 손가락을 움직이는 등 별도의 운동(카운팅 행동)을 하기 때문에 곧바로는 대답하지

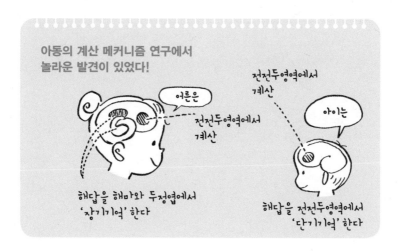

아동의 계산 메커니즘 연구에서
놀라운 발견이 있었다!

어른은

전전두영역에서
계산

전전두영역에서
계산

아이는

해답을 해마와 두정엽에서
'장기기억' 한다

해답을 전전두영역에서
'단기기억' 한다

못한다. 대답은 전전두영역에서 기억하지만 계속 외우고 있지 못

하기에 틀리게 대답하는 것이다.

성인이 정확한 계산을 할 수 있는 것은 장기기억을 사용하는

해마가 활동하기 때문이다.

그러나 아이들은 계산할 때 아직 해마가 작동하지 않는다.

다만 아이라도 여러 차례 계산을 반복하면 카운팅 행동이 줄고

해마가 활동하게 된다. 해마가 점점 커지면 빠르게 계산할 수 있

게 되어서 틀리는 경우가 적어진다.

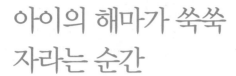

아이의 해마가 쑥쑥 자라는 순간

암산을 해본 적 없는 아이의 해마는 암산을 해도 활동하지 않는

다. 암산을 반복하면 전전두영역에 단기기억으로 저장된 답이 장

암산을 할 수 있으면
아이라도 해마가 쑥쑥 성장한다

두정엽
해마

6 더하기 1는 7
6 더하기 2은 8

기기억으로 저장되며 급격하게 성인의 해마처럼 발달한다. 암산을 반복하기만 하면 어린아이라도 해마가 쑥쑥 성장하는 것이다.

대학입시에서 수학 점수가 높은 학생은 계산을 처리하는 두정엽이 크다는 연구결과가 있다.

또 유아기에 암산을 시작하면 두정엽이 커지는 경향이 있다. 해마가 커지면 장기기억이 증가하고 두정엽이 커지면 수에 관한 이해가 깊어진다.

이런 사실이 뇌과학 연구로 보고되기 시작하였다. 즉 암산 조기교육을 하는 편이 좋은 것이다. 수를 셀 수 있게 되면 어떤 아이라도 틀림없이 암산을 할 수 있게 된다.

덧셈뺄셈 구구단으로
초등 1학년 계산력을 갖춘다

이 책에서는 한 자릿수 계산(덧셈과 뺄셈)이 술술 되도록 계산의 답을 나열한 '덧셈뺄셈 구구단'(→138쪽, 143쪽)을 최초 공개한다.

138쪽 이후에 실려있는 표의 숫자를 꾸준히 읽어서 표를 보지 않고도 말할 수 있게 되면 초등학교 1학년 계산력의 기본이 갖추어진다.

수의 의미를 이해하면 읽는 동안 수의 대소를 알게 되기 때문에 따로 계산법을 가르치지 않아도 된다.

덧셈의 경우 작은 수부터 큰 수로 점점 커지도록 나열했다. 계산은 1부터가 아니라 0부터 시작하므로 '덧셈뺄셈 구구단'도 0부터 시작한다(권말부록).

이렇게 구성한 이유는 구보타식 육아법에서 가장 중시하는 0
의 개념을 조금이라도 빨리 깨닫게 하기 위해서다.

계산의 답을 반복해서 말하는 것만으로 수의 대소를 알 수 있
다. 덧셈뺄셈 구구단 따라 읽기는 수의 대소를 알면 할 수 있으므
로 수를 셀 수 있고 숫자를 말할 수 있게 되면 바로 시작하자.

하면 할수록 계산이 빨라지고 계산을 좋아하는 아이가 된다.

IQ보다
암산 횟수!

앞에서 설명한 것처럼 최신 뇌과학 연구는 암산 빠르기와 아이의

선천적 능력이 관계없다는 놀라운 사실을 보고했다.

즉 암산 능력과 아이의 지능지수(IQ), 기억력, 읽기 쓰기 능력

은 관계가 없다! 암산 횟수가 많으면 많을수록 계산이 빨라지고

해마의 용량이 커질 뿐이다.

해마를 경유해서 외운 것은 쉽게 잊히지 않는다.

덧셈뺄셈 구구단을 떼면 수의 대소를 이해하게 되어 확실하게

계산할 수 있게 된다.

평범한 아이가 암산을 익히고 수로 생각하는 습관을 들이면 산

수와 수학을 좋아하게 되어 자신감이 생기고 점차 천재 뇌에 가까워진다.

수를 이해하는 능력에 남녀차가 있다고 생각할지도 모르지만 현재까지 7세 이하에서 남녀차가 있다는 연구 결과는 없다.

영어 등 외국어 연습이나 다른 생활 습관도 처음에는 전전두영역을 사용하여 단기기억으로 외우지만 반복해서 외우면 해마가 활동하여 장기기억이 되며 최종적으로는 의식하지 않고도 해낼 수 있게 된다.

IQ보다 암산 횟수가 중요하다

수로 생각하는 습관!

'덧셈뺄셈 구구단'

행동패턴 학습법을
먼저 익혀라

구보타식 육아법에서는 0세부터 전전두영역이 활발하게 활동하도록 하는 독자적 운동 및 행동 프로그램이 있다. 이 프로그램으로 전전두영역의 단기기억과 해마의 장기기억이 함께 좋아진다.

초등학교에 들어가기 전부터 효과를 느낄 수 있다.

아이 스스로 할지 안 할지 결정할 수 있게 되고, 기억력도 좋아지는 것을 실감하면 엄마 아빠는 아이의 초등학교 입학이 기대될 것이다.

통상적으로 한 자릿수 덧셈뺄셈 구구단 표를 읽는 시간은 성인이 2분 정도, 아이들은 그보다 오래 걸린다.

하지만 덧셈뺄셈 구구단을 빨리 뗄 수 있는 요령이 있다.

그것은 대뜸 덧셈뺄셈 구구단을 암송하는 것이 아니라 먼저 기본적인 운동이나 행동을 잘할 수 있도록 행동패턴 학습을 철저하게 하는 것이다. 행동패턴 학습법은 2장에서 상세하게 소개하겠다.

행동패턴 학습법을 먼저 익히면 '계산력의 토대'가 다져져서 계산력이 커지는 속도가 달라진다.

암산을 하면 금세 전전두영역이 활동하게 되므로 가능한 한 일찍 시작하도록 하자.

계산력의 토대를 만드는
'행동패턴 학습법'

계산력의 토대를
만들자

행동패턴 학습법

카운트다운 놀이로
계산력을 키운다

아이가 말을 하게 되어 1부터 10까지 세고, 다시 1부터 100까지
도 숫자를 말할 수 있게 되면 부모는 뿌듯해진다. 다만 여기에 속
아서는 안 된다. 아무리 큰 수를 말할 수 있어도 처음에는 의미를
모르고 하는 것이다. 앵무새처럼 무의미하게 따라할 뿐이다.

내 아이도 일찍부터 수를 셌지만 내가 인정한 것은 숫자를 몇
까지 세는지가 아니라 계산력이나 수학적 사고의 기본이 있는가
하는 점이었다.

나는 계산력이 있는 아이, 수학적 감각이 있는 성인이 되기 바
랐기에 어릴 때부터 단련시켰다. 단순한 숫자 읽기는 시킨 적이

없고 1과 2의 차이, 특히 0의 개념을 어떻게 알게 할까 고심했다.

당시(1960년대 초반)는 전 세계적으로 로켓 개발이 화제여서 뉴스에서도 '쓰리, 투, 원, 제로, 고!' 같은 카운트다운을 들을 수 있었다.

나는 이것이 시간이 줄어든다는 것을 매우 쉽게 알려주는 표현이라고 생각해서 아이의 두뇌 개발에 이용했다.

"빨리 하자, 텐, 나인……"이라거나 "다섯 셀 때까지 하는 거야. 5, 4, 3, 2, 1, 0"라는 식으로 아들에게 카운트다운을 자주 들려주었다.

1과 2의 차이, 특히 0의 개념이 중요!

순발력을 키우는 동작을 할 때 '하나, 둘, 셋' 하고 세는 식과 미국식 카운트다운 방식에서는 아무래도 발상의 차이를 느낄 수밖에 없다. 1부터 시작하면 0의 개념이 숫자에 들어있지 않은 것으로 여겨진다.

그래서 특별히 권말부록의 '따라 읽기만 해도 계산력이 생긴다! 덧셈뺄셈 구구단'은 한 자릿수 덧셈, 뺄셈의 암산을 하는 것만으로 0의 개념을 자연스럽게 익힐 수 있도록 만들었다. 꼭 활용하기 바란다.

카운트다운 방식으로
0의 개념을 자연스럽게
이해한다

'다섯 셀 동안 하자!'
5, 4, 3, 2, 1, 0 ···

계산력이 쑥쑥 커지는
가요코식 말걸기

달력이든 시계든 나는 '아라비아 숫자가 정확하게 쓰인 것'을 아이들에게 보여주고 일부러 숫자를 넣어 말했다.

'긴바늘이 5에 갈 때까지 10분 기다리자'라고 구체적으로 말하고, '잠깐' '금방' 같은 애매한 시간 표현은 엄마랑 아이 사이에 통하는 암호 같은 거라는 점을 아들이 이해하게끔 한 후에 사용했다.

또 숫자를 쓸 때도 글자 공부를 할 때처럼 칸에 맞추어 쓰게 하고 홀쭉한 7이나 뚱뚱한 5는 그냥 넘어가지 않았다. 크기에 차이 없이 1이든 9든 같은 공간을 차지하도록 주의시켰다.

그렇게 할 수 있게 되기 전까지는 글자를 쓰지 않아도 괜찮다고 생각했다.

숫자를 연속해서 쓸 때도 '이렇게 딱 붙여서 쓰면 알아볼 수가 없어'라고 주의를 주었고 엉망으로 썼는데도 부모의 마음으로 해독하며 칭찬하는 일은 절대 하지 않았다.

0부터 9까지 한 세트로 만든 카드를 몇 벌 마련해서 카드로 노는 방법도 고안했다. 전화번호를 만들거나 운동 경기 점수판을 따라하거나 버스 번호를 카드로 만드는 동안 아이는 기호로서의 수와 크기의 의미를 가진 수의 존재를 구분하여 알게 되었다.

카드는 1부터 10이 아니라 0부터 9까지 한 세트로 하여 사용

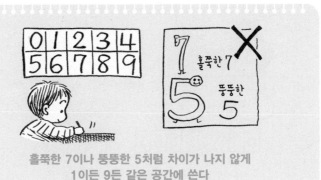

홀쭉한 7이나 뚱뚱한 5처럼 차이가 나지 않게
1이든 9든 같은 공간에 쓴다

하면서 아이의 지능 정도를 측정할 수 있다.

계산을 하지 못하더라도 과자를 나눌 때 세 사람이면 똑같이 나누기 어렵다거나 큰 것 하나와 작은 것 두 개 중 어느 쪽이 이득인지 직감적으로 아는 능력 등을 중요하게 평가했다.

'1~10'이 아니라 '0~9'를 한 세트로 한다

분노를 5단계로 나누어
숫자에 흥미를 갖게 한다

말을 할 수 있게 되면 숫자를 사용하여 계산이나 논리적 처리를
할 수 있게 되어 전전두영역이 활동한다.

최초로 수의 개념을 어떻게 머릿속에 넣는지에 따라 수학적 사
고와 산수 성적에 차이가 생긴다.

'일, 이, 삼, 사' 하고 숫자를 따라 읽거나 큰 숫자까지 센다고
수학적으로 사고할 수 있게 되지 않는다.

수를 세는 것은 순서를 외워서 말하는 것뿐일 수 있기에 수의
개념을 이해하고 있다고 단정할 수 없다.

0(아무 것도 없다)과 1의 차이, 같음과 다름을 이해시킨 후에 1과

2의 차이를 알게 하고 이어서 1, 2, 3과 4의 차이를 차례차례 알려주는 것이 중요하다.

양이 같고 다름을 직감적(주로 전전두영역을 사용한다)으로 구분하거나 듣고 만져서 알 수 있게 되면 수의 의미(좁은 의미의 수의 개념)를 알게 한다.

수를 말하게 하기 전에 중요한 것은 숫자에 흥미를 느끼게 하는 것이다. 주위에 숫자가 쓰인 물건을 많이 놓아 두자. 수가 부호로서 가진 의미를 이해하면 수의 3요소(개수를 읽는 법, 특정 성질을 가진 대상, 특정 단위)를 사용한다.

분노를 5단계로 나누어서 감정이나 기분 변화도 수치화한다

암산을 할 수 있으면 감정이나 기분 변화도 수치화할 수 있다.

화가 난 정도를 5단계로 나누어 살짝 화난 것은 1도 화남, 어마어마하게 화난 것은 5도 화남이라고 정할 수 있다. 그렇게 하면 상대방을 이해하는 데 도움이 된다.

혹시 부모인 자신이 산수나 수학을 못하니까 아이도 못할 것이라고 생각하고 있지 않은가?

그건 큰 오해다.

첫머리에서 설명했듯이 최신 뇌과학 연구는 선척적인 자질은 중요하지 않으며 많은 암산 횟수가 계산력과 수학적 감각을 키운다는 결과를 보여준다.

어릴 때부터 계산력을 단련하는 것은 아이에게 줄 수 있는 크나큰 선물이다.

반드시 지금 당장 시작하기 바란다.

2장

계산력의 토대를 만든다!

행동패턴
학습법

행동패턴 학습법을
하기 전에

행동패턴 학습법이란 아이가 보고 배운 동작을 반복하면서 생활에 도움이 되는 기술을 체득하도록 하는 학습법이다.

이로써 단정하고 아름다운 몸가짐을 익히게 되는데 결코 예절의 형식이나 겉모습에만 얽매이는 것은 아니다.

외부에서 주어지는 자극을 어떻게 받아들여 반응하고 행동하는지 여러 번 보고 반복해서 따라하는 동안 서서히 외부 세상을 이해하게 된다. 2장에서는 그 과정을 위한 활동을 소개한다.

본능적인 행동이 아니라 자기 나름대로 이미지를 이해하고 기억하면서 행동하려면 대뇌의 새로운 부분을 사용해야만 한다.

대뇌피질이 발달하여 사람답게 살게 되는 것이지만 만물의 영장으로서 살아가기에 그것만으로는 불충분하다.

그래서 부모는 더 중요하고 큰 바람을 갖고 유아교육을 통해 기본적인 행동과 감각을 받아들이는 방법을 가르치고 서서히 훈육을 한다. 훗날 그 훈육이 결실을 맺고 자신의 아이가 더 날카로운 감성으로 살아가기를 바라는 마음이다.

모성애와 부성애

행동패턴 학습법에서 가장 중요한 것은 아이에 대한 애정이다.

본능적인 모성애는 무조건적이고 맹목적인 사랑의 표현이다.

하지만 사자는 천 길 낭떠러지에서 자기 새끼를 떨어뜨린다.

때로는 엄하게 대처하는 부성애도 필요하다.

이 원리원칙은 남녀별로 나누어 생각해야 하는 것이 아니라 공통적인 것으로, 육아를 하는 누구나 갖추어야 한다.

즉 넘치는 사랑과 긍정적인 냉정함을 모두 갖추고 필요에 따라 구분하여 훈육해야 한다.

내가 제안하는 것은 구체적이고 냉정하게 감성을 단련하는 방법이다.

한번은 어느 어머니에게 무모한 이야기를 들은 적이 있다.

"저는 아이를 자유롭게 해줘요."

아직 세상도 모르고 자기 몸도 마음먹은 대로 움직이지 못하는 유아인데 무엇이 자유라는 걸까.

방임하고 귀찮아하는 어른이 '자유'라는 말에 숨는 것이다.

나는 모성애를 어떻게 키워야 하는지 너무 고민하다 실의에 빠진 적도 있다. 아이를 생각하는 애정이 없이는 훈육이 성과를 내고 앞으로 큰 가능성을 펼칠 수 있도록 잘 될 수가 없다.

넘치는 사랑과 미래를 생각하는 냉정함을
구분하여 훈육하자

내 발로
멀리까지 갈 테야!

엄마가 애정을 충분히 주면 아이는 빠르게 흡수한다.

반대로 억지로 강제하거나 건성으로 알려준 경우 아이는 잘못 기억하거나 이상한 습관이 들어서 다시 바로잡는 수고가 더 들지도 모른다.

훈육에는 채찍과 당근이 필요하다.

당근은 엄마의 애정이 담긴 행동이다. 부드럽게 말하고 돕고 따뜻한 표정을 보이는 것이다.

채찍은 엄마의 인내력에 필요하다. 몇 번이고 반복하여 가르치는 끈기와 체력에 채찍질하는 것이다.

내가 아이를 키우면서 가장 힘들었던 부분은 나의 나쁜 습관,

당근과 채찍을 잘 나누어 쓰자

당근 / 애정

채 찍 / 인내력

급한 성격, 변덕스러움으로 화내고 싶고 때리고 싶고 소리 지르고 싶은 마음을 억누르는 것이었다.

아이가 나쁜 짓을 하거나 말귀를 알아듣지 못하거나 도무지 이해할 수 없는 둔한 행동을 할 때마다 초조했다.

그럴 때 마음을 진정시키기 위해서 몇 번이고 수를 세며 참았다.

하나, 둘, 셋, 넷, 다섯, 여섯, 일곱, 여덟, 아홉, 열을 반복해서 되뇌었다.

아들은 세 살쯤 되자 내가 어느 정도면 히스테릭하게 화를 내는지 한계를 알게 되면서 나를 쉽게 이겼다.

지금 생각하면 아이들에게서 많은 것을 배웠다.

애정을 전혀 받지 못하거나 애정이 부족한 환경에서 자라면 부모의 훈육이 부정적인 방향으로 작용하여 아이의 성격까지 비뚤어지게 된다.

그뿐 아니라 뇌의 구조도 비뚤어지는 현상이 생긴다.

모성애와 부성애를 잘 구분하여 쓰며 육아의 기쁨을 맛보기 바란다.

사랑할 때 사람의 뇌에서는 어떤 변화가 일어날까?

열애 중인 대학생 남녀에게 각각 연인의 사진을 보여주었다. 그러자 중뇌피개영역(뇌의 아랫부분) 측좌핵이 활성화되었다. 측좌핵이 활동하면 쾌감이 생기고 기분이 좋아져서 의욕이 솟아난다. 중뇌-변연계회로라고 하면 뇌과학 용어여서 익숙하지 않을텐데, '도파민 회로'라는 별명으로도 불리며 해마와 전전두영역을 활동하게 하기 위한 구조다.

그런데 연인이 아닌 이성 친구의 사진을 보여줄 때는 중뇌-변연계회로가 활성화되지 않았다. 중뇌-변연계회로는 사랑하는 사람으로 촉발된 준비 활동을 하는 영역이기 때문이다. 이들 영역이 활성화되고 전전두영역에서 사랑하는 사람을 위해 무엇을 할지 생각하며 실제로 전전두영역과 기저핵이 활성화되어 행동을 일으킨다.

결과적으로 사랑하는 사람이 반응하여 뭔가를 해줌으로써 서로를 더욱 깊이 사랑하게 된다. 그렇게 해서 서로 감정이 더욱 깊어진다.

모성애와 부성애 역시 똑같은 메커니즘이 작용한다고 생각할 수 있다.

....

아이를 쓸데없이 힘들게 했다면 진심으로 사과하자

어느 유치원에서 육아 상담을 할 때 상담실 밖에서 아기 울음소리가 들렸다.

너무 심하게 울고 울음소리가 어쩐지 이상해서 순서를 앞당겨 들어오게 했다.

아기 어머니는 아이를 어르면서 침대에 눕히려고 했다. 그러자 아이는 한층 큰소리로 울어댔다.

"아침에는 기분이 좋았었는데……." 아기 어머니는 허둥댔다. 흔들며 어르자 아기는 더 크게 울었다.

"어머니, 몸에 손대지 말고 말로만 달래주세요." 그렇게 말하며 나는 손가락으로 아이의 다리를 두드렸다.

그 리듬을 느끼고 아이는 조금 기분이 좋아졌는데 엄마가 "기분이 좋아졌구나"라며 어깨에 손을 대자마자 다시 "으앙" 울음을 터뜨렸다.

가엽게도 그 아이의 어깨는 탈구되었던 것이다. 예쁜 공주 옷을 입힐 때 힘이 잘못 들어가 어깨가 탈구된 채 외출했고 그 후 알아채지 못한 채 안아주고 기저귀를 갈아주면서 탈구된 정도가 심해졌다.

다행히 잘 수습할 수 있어서 울음은 그쳤지만 일단 정형외과에 가보라고 충고했다.

눈앞에서 벌어진 일에 놀라서 갑작스럽게 아기의 몸에 대한 좌담회로 변경하여 의사와 상담하는 법 등을 진지하게 이야기했다. 다행히 일찍 발견해서 큰일은 벌어지지 않았지만 그 엄마에게 "아기는 인형이 아니에요. 팔이 180도 돌아가지 않아요"라고 했더니 곧바로 "상하이 기예단에는 못 들어가겠네요"라고 했다. 아이에 대한 마음보다 자신의 멋쩍은 마음을 숨기는 게 먼저였던 것이다.

사랑스러운 아기 때문에 어쩔 줄 모르고 허둥댔었다면 정말 미안하다고 진심으로 사과해야 마땅하다. 아이에게 생긴 문제를 알아채지 못해서 필요 이상 아프게 만들었다면 진심으로 사과해야 한다. 설사 다른 사람 앞이라도 말이다.

그리고 반성하고 큰 깨달음을 얻기 바란다.

과거에는 학력수준을 높이면 가정의 경제 수준과 지적 수준도 높아질 것으로 여겼다. 하지만 이치와 논리만으로는 자녀를 키울 수 없다. 구체적인 행동으로 아이를 똑바로 마주하고 대해야만 한다.

왜 태어난 순간부터 3세까지가 중요할까

태어나서 걷게 되는 18개월 정도까지는 넘치는 애정을 아낌없이 보여주는 것이 성장 과정에 좋은 영향을 끼친다. 이 시기에는 위와 장이 튼튼한 건강한 아기라면 특별히 손 가는 일 없이 월령에 따라 성장한다.

태어난 순간부터 3세 무렵까지는 아기에게 매우 중요한 시기다. 갓 태어난 아기의 뇌는 거의 사용되지 않았지만 뇌의 신경세포(뉴런)는 태내에서부터 이미 성인의 신경세포 수만큼 만들어져 있다.

특히 태어난 순간부터 18개월 무렵까지는 아기에게 여러 가지

임계반응기

1~3세는 활성화되기 시작한 신경세포가 감각자극에 잘 반응하는 임계반응기

행동을 하게끔 해야 한다. 일단 행동을 시작하면 신경 세포의 틈새(시냅스) 연결이 생겨 뇌가 활성화된다. 뇌 발달을 고려한 육아를 하면 큰 성과를 올릴 수 있다.

걸을 수 있게 된 만1세부터 만3세 무렵은 활동하기 시작한 신경 세포가 감각자극에 잘 반응하는 시기다. 3세 이후보다 잘 반응하는 시기라는 의미에서 임계반응기라고 불린다(민감기라고도 한다).

여러 감각자극을 주어서 뇌를 사용하게 해야 하는 시기이므로 책을 참고해서 다양한 방법을 활용해보자.

자녀양육의 성과는 '우리 아이를 위해서 내 몸을 어떻게 사용하는가'에 달렸다. 예를 들면 기저귀를 갈아주기 전에 '오줌일까, 똥일까?' 예측하여 조건에 맞게 준비한 엄마와 당황해서 아기를 두고 물건을 챙기러 가는 엄마 중 어느 쪽이 아기에게 좋을까?

모전여전 모성애

아이를 위해서 무엇을 우선하면 좋을까 생각하여 행동한다.

아이가 더 기분 좋게, 더 즐겁게 지내도록 해주려는 마음이 모성애, 모심이다. 이 마음으로 자신의 몸을 바쁘게 움직이는 것에 어떤 저항도 없이, 아니 즐겁게 총총거리다가 어느 순간 녹초가 되어버리는 아내가 남편에게는 어리석어 보일지라도 그 열성은 본능적인 모성애 그 자체인 것이다. 이 외골수 모성애는 모전여전이다.

그것이 요즘은 어디론가 사라져버렸다. 나 자신도 이미 사라져버린 것이 아닐까 염려할 때가 있다.

하지만 이런 시대에도 모심을 불러일으키는 것이 가능하다고 나는 믿는다. '모성애는 어떻게 키울 수 있을까'라는 나의 커다란 고민은 아직 결론이 나지 않았다.

임계반응기

**대가 없이 기쁨을 주는
소중한 모성애**

여성이 가장 빛나는 시기

엄마인 당신이 언제까지나 여성이고 싶다면 아이를 키우는 멋진 일을 반드시 즐겁게 경험하기 바란다.

육체를 가진 여성으로서 가장 빛나는 때는 아이를 보듬는 기간이다. 자녀양육의 기간에 여성은 현명해지고 뛰어난 실천력을 보여준다. 거기에는 대가 없이 기쁨을 주는 모성애가 중요하다.

내게는 다섯 손주가 있다. 큰며느리와 작은 며느리가 우리의 뇌과학 육아 방침에 찬성했기에 이런저런 시도를 했다. 특히 손녀를 받은 산부인과 의사가 '그러면 이걸 먹어보라'며 대반을 아주 조금 잘라서 입속에 넣어주었다고 한다.

"맛도 냄새도 어떻게 표현해야 좋을지 모르겠지만 결코 불쾌한 것은 아니었고 아무 저항감도 없었다"고 둘째 며느리는 말했다. 세 번째 출산이었다. 익숙함을 날리는 강력한 자극은 새로운 생명의 탄생을 분명하게 받아들이게 하고 어떻게 딸을 키울지 생각하게 해주었을 것이 틀림없다. 부쩍 성장한 그녀의 자신에 찬 눈동자는 성스럽게까지 느껴졌다.

그런데 모성애가 무엇인지 정의하기는 어렵다. 아이들에게 필요한 것을 주축으로 하여 나의 주관적인 생각, 이렇게 했으면 좋겠다는 희망을 함께 소개한다. 종래의 주장과는 다른 부분이 있어서 이견이 있을 수도 있다. 하지만 나는 20여 년 동안 3,000명 이상의 아기 뇌를 활성화시켰다. 본능적인 방식을 때로는 확장하고 때로는 억누르면서 사람답게 성장시키는 길을 찾도록 가능한 한 계속 돕고 싶다.

이제 드디어 계산력의 토대가 되는 행동패턴 학습법을 소개하겠다.

'짜증'에 응답하기

"이 애는 울리면 안 돼요."

"왜죠?"

"짜증이 나면 숨도 못 쉬고 얼굴이 새파래져서 죽을 듯이 울거든요."

이렇게 말하며 불안해하는 엄마가 있었다.

이야기를 들어보니 아이는 신경질적인 표정으로 기분이 나쁜 듯이 단어만 띄엄띄엄 작은 목소리로 말한다고 한다.

울 때는 처음부터 온 힘을 다해서 우는데 시간이 지날수록 울음소리가 점점 길어지고 미간에는 파랗게 힘줄이 솟으면서 입술도 시퍼래지고 호흡이 가빠진다. 마음 약한 엄마는 아이가 자꾸 이런 모습을 보이니 혼자서 애를 돌보기가 겁난다고 호소했다.

결론을 말하면 그 아이는 숨을 제대로 쉴 줄 몰라서 우는 동안 짧고 강하게 숨을 마시지 못한 것이었다. 우는 소리를 줄여서 코로 숨을 쉴 줄을 몰랐다. 또한 처음부터 큰 소리로 우느라 호흡의 리듬이 깨지니 산소가 부족해진 경우다.

그런가 하면 이런 아이도 있다.

마찬가지로 미간에 파랗게 힘줄이 솟도록 화를 내거나 물건을 던지거나 발랑 드러누워서 팔다리를 버둥거리며 떼를 쓴다. 그러는 동안 숨을 몇 번이나 깊이 들이마셔서 과호흡상태(혈중 이산화탄소 농도가 적어져서 일어난다)가 되어 숨이 끊어질 듯 헐떡거린다.

어느 쪽이든 신경질이 많은 아이인데 호흡을 제대로 못하고 흥분하는 원인을 제대로 표현하지 못하는 것이다.

할 수 있는 범위 내에서 기분을 받아주자

어째서 그런 걸까?

엄마가 뭐든 해줘야만 하는 아기 때부터 누구에게나 조금씩 이런 경향은 나타나는데, 짜증은 아기의 기분이 나쁠 때 일어나는 아기 나름의 의사표시로, 부모나 주위 사람이 그것을 어떻게 받아주는가가 문제다.

아기는 무엇이 불만인지 부모에게 명확하게 알리지 못한다.

'젖 먹을래요!' '나 오줌 쌌어요!' '아파요!'라는 뜻으로 운다. 갓 태어났을 때는 일방적인 의사표시에 부모가 허둥내며 달려와 뭐든 해주지만, 커가면서 부모 형편에 따라 아기가 울어도 내버

유아교육의
가장 어려운 점

58

려 두기도 한다.

이것이 유아교육의 가장 어려운 점으로 부모가 무의식중에 아기에게 자신을 억누르도록(참기, 견디기, 기다림) 강제하는 것이다.

그러면 아기는 병적이기까지 한 심한 표현으로 저항하고 반항한다.

기저귀를 갈 때 젖먹이라고 해서 아무런 언질도 없이 아기 몸에 불쑥 차가운 손을 대면 깜짝 놀라 몸이 굳고 목소리도 못 낸 채 긴장한다. 아기로서는 최대한의 반항이고 방어반응이다.

섬세한 주의를 기울여 완벽한 육아를 한다는 것은 어차피 가능하지 않은 일이다. 조금은 마음을 편하게 먹자. 월령이 높아질수록 아이의 불안과 불만에 대처하는 것도 늦어지고 아이의 요구도 다 듣지 못하고 놓칠 수 있다.

어려운 일이기는 하나, 아이가 짜증을 내지 않게 하려면 엄마가 가능한 범위에서 언제나 똑같이 응답하자.

싸움에 강하게 키우기

1~3세 아이는 아직 다른 아이들과 사이좋게 놀지 못하지만 일찍 부터 단체 생활을 하는 아이는 싸움도 동정도 인내도 할 수 있게 된다.

어린이집에서 적응하지 못하는 경우는 대개 처음으로 단체 생활을 경험하는 아이다.

그런 아이는 고집이 센 친구의 그늘에서 풀 죽어 지낸다.

유치원이나 초등학교에서 리더십을 보이는 친구는 학력이 뛰어난 아이가 아니라 싸움을 잘하는 아이, 글자를 잘 쓰는 아이보다 공놀이를 잘하는 아이다.

싸운 후에도 잘 화해하고 사이좋게 어울리는 아이로

어떻게 하면 싸움에 강한 아이로 키울 수 있을까? 싸움에 강한 아이란 싸움에서 이기는 아이가 아니다. 싸우더라도 잘 화해하는 아이, 싸운 후에도 다시 사이좋게 지낼 수 있는 아이를 말한다. 그런 아이로 키워서 사회인으로 살아갈 수 있도록 해야 한다.

두 살쯤 되면 다른 아이를 의식하기 시작하고 형제 중에서도 동생은 형이나 언니를 의식하기 시작한다.

동성, 이성, 나이 차에 따라 양상은 달라지겠지만 큰 아이는 혼자일 때와는 태도가 달라진다. 북적거리는 분위기에 들뜨고 다른 활동에 정신이 팔린다.

싸운 후
잘 화해하는 아이로 키우자

이럴 때 같은 나이 또래의 아이와 함께 지낼 시간을 많이 만들어주자.

아이들은 만나자마자 함께 놀 줄 모르는데, 엄마들끼리 수다를 떨면서 아이들이 각자 알아서 놀게 두자. 모르는 척하면서 지켜보기 바란다. 그러면 아이들이 서로 다가간다.

대개는 다른 아이의 물건을 빼앗거나 해서 싸움이 시작된다. 다른 사람 물건이 좋아 보이는 마음은 어른이나 아이나 마찬가지다. 부모도 이 점을 염두에 두고 아이의 상대를 고른다.

이때 너무 가치관이 동떨어진 엄마의 아이와 함께하도록 하면 문제가 일어난다. 아이들 사이에 벌어지는 장난감 쟁탈은 치열하다. '빌려주렴'은 통하지 않는다.

다치지 않을 정도의 다툼은 지켜본다

휘둘렀다가는 다칠 만한 장난감으로 놀 때는 양쪽 엄마가 동시에 손을 내밀어 '뺏으면 안 돼, 다른 거 갖고 놀아' 하며 치운 다음 계속 놀게 한다.

싸움에 이르지 않을 정도의 다툼은 시키자. 월령이 비슷하다면 힘 차이가 별로 없어서 맞붙어 드잡이를 해도 괜찮다. 조금 걱정스럽더라도 지켜만 보자.

지켜야 할 원칙은 '울면 그만두기'와 '싸운 아이 둘 다 야단치기'다.

부모가 중재해도 막무가내로 울며불며 고집을 부린다면 엄마들도 그대로 헤어져 그날의 놀이를 끝낸다.

나는 엉겨붙어 싸우며 수습이 되지 않는 경우에도 결코 끼어들어서 갈라놓지 않는다. 그럴 때는 아이들에게 다가가서 안아주거나 장난감을 붙잡거나 때로는 담요나 이불을 덮어준 다음 큰 소

싸움이 수습되지 않을 때는
자연스럽게 중재한다

리(냄비를 두드리거나 갑자기 텔레비전 소리를 크게 한다)로 주의를 끌어서 행동을 멈추게 한다.

부모가 간섭했다는 사실을 깨닫지 못한 채 아이들이 스스로 그만두도록 중재하자.

아이가 싸움을 통해서만 배우는 것

싸우고 아웅다웅하면서 아이들은 여러 가지를 익힌다. 다만 흥분했을 때는 저도 모르게 힘이 들어가게 되니 되도록 나이와 몸집이 비슷한 아이와 짝지어 주자. 서로 밀고 잡아당기기도 할 텐데 두 아이의 힘 차이가 많이 나면 위험해서 부모가 자꾸 개입하게 된다.

싸움에서 아무것도 얻지 못하는 걸로 보이겠지만 아이는 싸움을 통해 부모가 가르치지 못하는 감각과 감정을 배운다.

'형이잖아'라며 참게 하거나 '꼬맹이는 꺼져'라는 말을 듣는 것은 초등학교에 들어갈 즈음에야 겪게 하는 것이 좋다.

싸우고 경쟁하는 것은 좋은 일이다. 맞붙어 싸우는 것은 본능적인 투쟁심을 드러내는 일이다. 그렇지만 우리 주위에는 큰일

나지 않을 정도의 다툼을 벌일 수 있는 장소가 별로 없다. 아이를 둘러싼 환경은 나날이 나빠지고만 있는데 부디 엄마와 아이가 진정으로 맞붙을 수 있는 놀이를 찾기 바란다.

나는 아이와 함께 블록 쌓기를 하면서 서로 뺏고 빼앗기는 싸움을 하곤 했다. 심지어는 내가 못 주겠다며 울먹여서 아이가 져준 적도 있다.

. . . .

기소 박사의 한마디

싸움은 다치지 않는 한 말리지 말자. 아이는 싸움을 통해 사회성을 익히고 적극적으로 행동한다.

부모가 지키고 있는 상황에서는 울 때까지 놔두어도 좋다.

. . . .

나쁜 행동 야단치기

내가 육아를 하며 가장 힘들었던 부분은 격해지는 감정을 억누르는 것이었다.

참고 견디고 인내하고 기다리는 행위는 매우 높은 차원의 뇌 활동을 요구하기 때문에 부모가 가르치는 것 중에서도 가장 어렵다.

부모도 아이와 함께 배워야만 하는 것이다.

가요코식 야단치기 규칙 6

그래서 나는 다음과 같이 야단칠 때 지켜야 할 규칙을 만들었다.

1. 한 번에 여러 가지 일로 야단치지 않는다

2. 장황하게 야단치지 않는다

3. 야단치는 이유를 말하지 않는다

4. 다른 사람이 있더라도 태도를 바꾸지 않는다

5. 지나간 일은 끄집어내지 않는다

6. 나쁜 행동을 했다면 바로 야단친다

아이가 나쁜 행동을 할 것 같다면 그 행동을 하지 않게 주의하
도록 미리 대책을 세운다.

두 번째 야단칠 때는 벌칙을 정하고 세 번째 야단칠 때는 벌을
주어 서서히 바꾸어 가면 좋다.

엉덩이 때리기용 주걱의 효용

내가 주던 벌칙은 엉덩이 때리기다.

감정에 휘둘려서 바로 손찌검을 해서는 안 된다고 생각해서 기
념품으로 받았던 커다란 나무 주걱을 벽에 걸어놓았다.

나쁜 행동을 처음 했을 때는 '하면 안 돼', 두 번째 할 땐 '또 나
쁜 행동 했구나', 세 번쎄 할 땐 '다음에 또 그러면 때릴 거야', 네
번째 할 때는 '나무 주걱 가져와라'라고 선언하고 말을 듣지 않았

가요코식 엉덩이 때리기용 주걱

을 때 가차 없이 엉덩이를 때렸다.

이 나무 주걱은 장남이 열 살이 될 때까지 걸려 있었다.

초등학생 정도가 되면 귀가 시간이 늦어진 경우 등에도 밖에 세워두는 벌칙이 좋다. 저녁 때가 다 지나서 배가 무척 고파질 테니까. 때리는 벌칙의 효과는 5살 정도까지다.

적극적으로 하지 않는 경우는 인지적 No Go 행동인데, 하지 않은 것으로 보상을 받음으로써 학습된다. 우측 전전두영역의 브로드만 영역 46(→136쪽)이 담당한다.

적극적으로 하지 않는 행동(No Go 행동)에는 두 종류가 있다.

참고 행동하지 않도록 하는 것은 정지 신호에 의한 No Go 행동으로 하지 않는 것으로 보상을 받아 학습된다.

하지 않아야 될 행동을 할 것 같다면 Go 신호 외에 No Go를 나타내는 정지 신호를 더한다. 참고 그만두어야만 하는 정동적 No Go 행동이다.

한 살 정도부터 시작하는 멈춤놀이는 정동적 No Go 행동을

하는 것이다.

....

어른의 거짓말
배우지 않게 하기

아이는 말로 자기 기분을 전달할 수 있게 되면 이것저것 상상하
여 묘사한다.

아이가 말하는 상상에 부모가 놀랄 때도 있다.

거짓말인지 아닌지 헷갈려서 '정말이니? 언제 그랬어?'라며 일
순 말려들기도 한다. 예를 들어 보자.

"이거 어디서 났니?"

"○○이가 줬어"

"이 과자 너 혼자 먹었니?"

"△△형아가 먹었어"

이런 경우 ○○이가 옆집에 사는 더 어린 아이거나 △△형이 멀리 사는 사촌이라면 거짓말이다.

잘 보이려는 거짓말, 잘못을 감추려는 거짓말은 성인만이 할 수 있다. 유아는 이런 거짓말은 못한다. 유아의 거짓말은 상상이다.

하지만 부모가 너무 심하게 화를 내며 오래된 잘못까지 끄집어내서 설교를 하면 어른의 거짓말을 일찍부터 익히게 된다.

잘 보이려는 거짓말, 감추려는 거짓말은 당장 현실에서 도망치고 싶어서 하는 것인데, 이것이 심해지면 남에게 피해를 주는 거짓말을 익히게 된다.

이런 거짓말은 일찍부터 익히지 않도록 해야 한다.

너무 흥분하면
좋을 게 없다

외동이라도 뇌가 바르게 발달한 아이로

감정을 억누르기란 어른에게도 힘든 일이다.

힘들다는 것은 충분히 알지만, 어른보다도 뛰어난 아이로 키우고 싶다면 우선은 엄마가 '짜증 나' '열 받아' 같은 말을 하지 말아야 한다. 아이에게만 참고 견디라고 요구하면 그렇게 될 수 없다. 부모도 정신수양이 필요하다.

옛날에는 가난하고 형제도 많아서 서로서로 참는 것을 배울 수 있었고 두고 보자고 기약하는 근성도 생겼다.

부모도 가사를 돌보느라 바쁘기도 했지만 '열이나 낳았으니 그중에 이상한 녀석 한둘이 있어도 어쩔 수 없지'라는 무책임한 면

열받는다거나 짜증난다고 말하지 말 것!

도 있었다.

부유한 집의 어리숙한 맏이(너무 귀하게 자라서 동생들보다 태평하거나 세상 돌아가는 것을 모르는 경우를 말한다)보다 가난한 집에서 출세하는 경우가 많고 하극상도 흔했다.

그것이 좋았다는 얘기가 아니라 핵가족이 된 가정에서 어리숙한 맏이로 키우지 말자는 것이다.

자녀가 적더라도 뇌가 바르게 발달한 아이, 부모보다 뛰어난 뇌를 가진 아이로 키우면 좋겠다.

최근에는 저출산으로 외동아이 문제가 대두되고 있는데 환경에 적응능력을 갖춘 뛰어나고 똑똑한 아이로 키우는 것은 저출산

뇌가 바르게 발달한 아이,
부모보다 뛰어난
뇌를 가진 아이로

시대에도 그리 걱정할 일이 아니다.

어떤 사실을 다르게 말하는 것이 거짓말인데, 자기 말이 사실이라고 생각하면서 잘못된 사실을 전달하는 경우가 있는가 하면 뭔가를 숨기기 위해 고의로 다르게 전달하는 경우가 있다.

전자는 깜빡 실수한 것이므로 깨닫고 바로잡으면 되지만 후자는 의도적인 거짓말이어서 전전두영역이 활성화된다. 이 경우는 거짓말을 했다는 점을 지적해주어야 한다.

그러지 않고 그냥 넘어가면 아이는 거짓말을 몇 번이고 반복한다. 아이가 고의로 거짓말을 했을 때 그만두게 하는 것은 부모의 가치관에 달렸다.

외동아이라고 오냐오냐하면 어리바리한 아이, 전전두영역이 둔한 아이로 자랄 수 있으니 주의하자.

인사 잘하는 아이로 키우기

아침 인사를 할 때는 언제나 같은 말을 사용하기 바란다.

또박또박 "잘 잤어요?"라고 말하거나 때로는 "우리 ○○이 잘

잤어요?"라고 아기 얼굴을 보면서 입을 움직여 보이자.

어른은 귀로 소리를 감지하지만 아직 말을 할 줄 모르는 아기

는 눈으로 익힌다.

일찍부터 바른 말을 익히게 하는 의미

입을 벌리는 방법과 발성을 함께 기억하게 하면 옹알이나 혀짧배기소리를 하는 기간이 짧아진다.

입은 여러 가지 형태로 움직이고 그 방법에 따라 소리가 다르게 난다는 것을 아이가 스스로 느끼도록 입이 움직이는 모양을 확실하게 보여주자.

아기가 제대로 말을 할 수 있기까지는 부부끼리 말할 때도 대충 '어'로 대답하지 말고 '네' '그래요'라고 분명하게 말하자.

제대로 말하지 못하는 것은 귀로 들어온 소리를 그대로 발음하지 못하기 때문이다. 서서히 흉내를 낼 수 있게 되면서 제대로 말

바른 말로
또박또박 말한다

안녕하세요?

하게 되는데, 처음부터 바른 말을 배우면 나중에 교정하는 시간이 필요없다.

　말 외에도 익힐 것이 많이 있으니 뇌가 괜한 일을 더 할 필요없게 하자.

부르면 바로 대답하는 습관

올바른 뇌의 발달을 바라고 키우는 것은 무한한 가능성을 만들어 내는 '뇌력'을 키운다는 의미다.

　이름이 불리면 반드시 대답하는 습관은 부모의 평소 모습을 따라가게 마련이다. 부모가 못하면 아이도 못한다. 아이가 인사를

인사와 대답이 빠르면
영리해보인다

잘하는가 못하는가는 엄마의 생활 태도에 달렸다.

인사하는 행동은 단순한 습관이 아니라 사고력, 집중력이 얼마나 빨리 전환되는가와 관련되어 있다.

대답을 하는 행위는 그때까지 자신이 하던 행동을 중지하고 상대에게 주목했다가 중단된 일을 금방 다시 되살릴 수 있도록 뇌를 준비시키는 고도의 뇌 활동이다.

'대답하기'를 아이에게 시키면서 서서히 훈련해 가자.

인사와 대답이 빠른 아이는 보기에도 영특해 보이고 듣는 사람도 기분이 좋아진다. 내 아이가 좋은 인상을 갖게 하는 데 이만한 것은 없다.

인사는 원만한 인간관계를 구축하는 기본이다.

　다만 3세 이전에 습관을 들이지 않으면 쉽게 하지 못한다.

　일단 습관이 되면 오히려 인사를 하지 않으면 기분이 나빠진

다. 그렇게 되면 성공이다.

누가 아이에게 인사하면 반드시 따라 인사하도록 습관을 들이자.

약속을 지키는 습관들이기

약속과 명령은 어떻게 다를까

약속과 명령은 다르다.

약속은 그게 어떤 일이든, 아이와 미리 의논해서 정한 것을 말한다. 예를 들면 '오늘은 집에 필요한 게 있어서 마트에 가는데, 반찬이랑 공책이랑 볼펜만 살 거야. 떼쓰지 않고 따라오기다'는 약속이다.

이와 달리 '빨리 신발 벗고 들어가서 기다려'는 명령이다.

명령을 할 때 주의할 점은 그때까지 아이 혼자 해본 적 있는 일만으로 한정하는 것이다.

아직 밥알을 흘리지 않고 깨끗하게 먹지 못하는 아이에게 '왜 그렇게 흘리니? 깨끗하게 먹으랬잖아!'라고 한다면 창피를 주는 것뿐이다.

'어차피 엄마는 조금만 잘못해도 야단칠 건데'라고 생각하고 명령을 당부 정도로만 인식하게 되면 아이는 처음부터 엄마 말을 따를 생각을 하지 않게 된다.

야단쳐도 듣지 않는 뻔뻔함만 키워진다.

약속을 했으면 양쪽 모두 벌칙을 감수해야 한다. 부모가 약속을 지키지 못했을 때도 사과하고 때로는 벌칙을 받아들이자.

'고맙습니다'와 '미안합니다'의 습관

부모든 아이든 잘 됐을 때는 '고마워요', 잘 안됐을 때는 '미안해요'라고 분명히 말한다.

"오늘 장보기는 빨리 끝났구나. 고마워."

"엄마가 친구랑 얘기하느라 오래 기다리게 했네. 미안해."

이렇게 부모가 '고마워' '미안해'라고 말하는 것은 유아라고 해도 한 사람의 독립된 인격체로 인정하는 태도다.

부모가 이런 태도를 흔들림 없이 유지하면 약속을 지키고 명령에 따르는 의무를 아이도 자연스럽게 받아들이게 된다.

나는 평소 아들이 혼자 얼마나 놀 수 있는지 시간을 파악해두었다. 나도 일하는 엄마였기 때문에 손님 접대 등 다른 일을 하는 동안 아들은 혼자서 무언가를 해야만 했다. '30분 동안 조용히 기다려'라고 했다면 손님과 한창 이야기 하다가도 그 시간만큼은 반드시 지켰다. 30분이 지나면 '아이와 함께할 시간'이므로 아들을 보러 갔다.

갑작스럽게 찾아온 손님은 아들 입장에서 보면 불청객이다. 손

일찍부터 습관들이자

님이 오래 머무르는 경우에는 '이제 아이와 있어야 하는 시간'이
라고 양해를 구하고 손님을 돌려보낼 정도로 엄격하게 지켰다.

시간의 소중함과 약속의 엄중함

그렇게까지 한 이유는 내 아이가 시간의 중요성과 약속의 엄중함
을 알고 지키기 바랐기 때문이다. 아들을 훈육하는 시기에는 부
모도 노력해야 하는 일이 많다.

그러므로 약속과 명령을 한꺼번에 많이 해서는 안 된다. 부모 역
시 많은 약속을 지키려면 너무 바빠서 쉽게 어기게 된다.

30분이라고 약속했으면 30분을 지키는 습관을 들이자

약속은 상대의 인격을 믿고 합의하는 것으로, 두 사람의 행동을 구속하여 서로 지켜야만 한다.

명령은 설명 없이 일방적으로 상대에게 시키는 것이다. 명령을 할 때는 마지막으로 '알겠니?'라고 물으면서 아이의 얼굴을 보면 아이가 어떤 마음인지 알 수 있다.

아이의 표정을 잘 보아두었다가 약속을 지킨 경우에 약속을 할 때 아이 표정이 어땠는지 떠올려보자. 무엇을 할지 표정에 드러낼 때는 대뇌변연계가 활성화된다.

지금까지는 행동패턴 학습법을 소개했다. 다음에 소개하는 3장의 '덧셈뺄셈 구구단'도 행동패턴 학습법의 일례다. 행동패턴 학습법을 익히면 덧셈뺄셈 구구단 암송도 쉽게 할 수 있다.

평범한 아이도 꾸준하게 하는 경우 3개월이면 된다. 열심히 해보자.

3장

기적의 덧셈뺄셈 구구단으로

계산력이
쑥쑥 커지는
트레이닝

'산수 싫어'를 '산수 좋아'로 바꾸는 방법

이제 본격적으로 계산력을 키우는 방법을 소개하겠다.

엄마들에게 산수나 수학을 어떻게 생각하는지 물어보면 '머리가 아파요'라거나 '수학이 대체 무슨 쓸모가 있는지 모르겠어요'라고 할 때가 많다.

산수나 수학은 어려운 것이라고만 생각하기 쉽지만, 자녀를 키우면서 수학이나 수로 표현하는 것들을 어떻게 아이에게 이야기할지, 어떤 점에 주의를 기울여야 하는지에 신경 쓰면 아이의 계산력, 수학적 감각을 키울 수 있다.

특히 엄마 자신이 수학을 잘하지 못했다면, 아이가 어릴 때부터 적극적으로 수와 관련된 활동을 하도록 하자.

아이의 뇌는 경험으로 접하는 수 개념을 잘 받아들여서 정리할 수 있다.

보통 처음 한글을 가르칠 때는 네모 칸에 꽉 차게 정확한 모양으로 쓰도록 가르친다.

숫자를 쓸 때도 숫자의 모양에 신경을 쓰도록 하자.

기준이 되는 네모 칸 없이 쓰면 아이는 1은 조그맣게 쓰는 반면 5나 8은 커다랗게 쓰기 일쑤고 적절하게 자릿수를 맞추어 쓰지 못하기도 한다.

산수, 수학을 잘하는 아이는 숫자의 자릿수를 맞추어서 빠르게

**숫자는 네모 칸에 맞추어
또박또박 쓰게 한다**

0 1 2 3 4
5 6 7

쓸 수 있다.

나는 숫자도 주어진 네모 칸에 바르게 쓰도록 지도한다.

왜 이런 사소한 것을 신경 쓰는가 하면 '양'과 '숫자'가 가진 의미가 한글 문자와는 다르다는 점을 아이가 느끼기 바라기 때문이다.

한글 자모나 알파벳은 부호지만 그것만으로는 의미가 없다. 예를 들면 CAT이나 고양이처럼 몇 가지 문자가 합쳐져서 의미를 갖는다. CAT이나 고양이라고 해야 비로소 의미를 알 수 있는 것이다.

수란 무엇일까

숫자 역시 하나의 부호지만 제각각 독립된 의미를 가진다.

첫째로 숫자 1은 한 개, 2는 두 개, 3은 세 개라는 개수를 의미한다.

둘째로 특정한 성질을 가진 것만을 센다.

개라면 개만, 고양이라면 고양이만 센다. 동물을 셀 때는 개나 고양이뿐 아니라 다른 동물까지 센다.

셋째로 수에는 단위가 있다.

1시간, 2시간, 3시간…….

4그램, 5그램, 6그램…….

7킬로미터, 8킬로미터, 9킬로미터……

'수의 3요소'인 개수, 특정한 성질, 단위를 이해하면 수란 무엇인지, 수의 개념을 알게 된다.

한편 수는 순서를 의미하기도 한다.

1960년대 유명했던 분메이도 카스텔라(나가사키 지역 명물 카스텔라)광고가 있다. '카스텔라가 첫째, 전화는 2번, 세 시의 간식은 분메이도 카스텔라'라는 카피로 이목을 끌었다.

카스텔라가 제일 맛있는 간식이고, 전화 교환원에게 ○○국의 2번이라고 하면 분메이도로 전화를 걸 수 있고, 세 시에 간식으로 분메이도 카스텔라를 먹자는 의미다.

1은 첫 번째   수에는 순서가 있다는 것을 알려준다

2는 두 번째   3은 세 번째

중요한 것은 1은 첫 번째, 2는 두 번째, 3은 세 번째라는 순서를 의미한다는 점을 알려주는 것이다.

이런 사실들을 점차 알아가면서 계산력이 높아지고 수학적 감각이 키워진다.

계산은 전자계산기만 있으면 되고 이젠 주판도 거의 사용하지 않게 되었는데 숫자를 쓰거나 계산하는 단순 작업이 대체 왜 필요할까?

사실은 숫자를 쓰고 계산하는 작업을 통해 양과 수에 대한 공통의 개념을 갖게 되고 커뮤니케이션에 필요한 극히 기초적인 수의 개념이 키워지는 것이다.

수에 강하면 이럴 때 도움이 된다

초등학교에 들어가기 전에 기초적인 수의 개념을 접하면 나중에 유리하다.

수학적 감각이 생겨서 초등학교 고학년이 되면 효과가 성적으

수에 강해지면
합리적으로 생각하여
행동할 수 있다

로 분명하게 드러난다. 컴퓨터를 잘 다루더라도 하드웨어와 소프
트웨어 개발 중 어느 쪽이 적성에 맞는지는 유아기에 키워진 감
각에 달렸다.

이런 감각이 키워지지 않으면 남이 만든 소프트웨어를 사용하
고 남을 따라하기만 하며 살게 된다.

내가 수학을 잘하게 되면서 얻은 이득은 논리적으로 생각한다
는 것과 실생활에서 대략적으로 추정하고 어림값을 계산할 때 실
수하는 법이 거의 없다는 것이다.

산수와 수학 없이는 합리적인 사고와 창조적인 발상을 할 수
없다.

양손 쓰기

아이가 걸을 수 있게 되기 전까지 중요한 것은 왼손과 오른손, 왼발과 오른발을 비슷한 비율로 움직이는 것이다.

나는 좌우 어느 한쪽으로 편중되지 않도록, 왼손으로 집짓기 블록을 쥐었다면 오른손에도 쥐게 하고, 오른손으로 공을 던졌다면 왼손으로도 던지도록 했다.

왜냐하면 손으로 도구를 사용하기 시작한 아이는 주로 쓰는 어느 한쪽 손만을 쓰기 때문이다.

아주 어릴 때는 오른손으로 쥐기도 하고 왼손으로 쥐기도 하며 오른손과 왼손을 구분하지 않고 쓰지만 숟가락을 쥘 무렵이면 자주 쓰는 손이 생겨서 쥐기 편한 손을 먼저 내민다.

'애가 왼손잡인가?' 싶으면 어느샌가 오른손을 쓰고 있다.

주로 쓰는 손이 결정되지 않은 시기에는 좌우의 손을 쓰는 요령에 별 차이가 없다. 이때부터 충분히 주의를 기울여서, 한쪽 손을 사용할 때 다른 손도 반드시 사용하도록 가르치기 바란다.

주로 쓰는 손의 반대쪽 사용이 왜 중요할까

특히 도구를 쥐지 않는 쪽 손(주로 쓰는 손의 반대쪽 손)의 위치가 중요하다.

젓가락질을 하고 물 잔을 쥐는 행동을 어떤 한쪽 손으로 주로

'주로 쓰는 손의 반대쪽 손'의 위치에 주의하자!

하는 것은 저절로가 아니라 학습으로 익히는 것이다.

주로 쓰는 손이 정해질 때는 전두엽의 활동이 크게 관여한다.

유아기에 '꼭 오른손을 써야 된다'고 강제할 필요는 없지만 우리 사회에서는 오른손을 쓰는 쪽이 편리할지도 모른다.

대부분의 사람이 수저를 오른손으로 쥐게 한다.

엄마는 이유식을 먹일 때 보통 아이와 마주앉는다.

뭐든지 따라 하는 아기는 엄마가 오른손을 쓰는 법을 좌뇌로 흉내 내어 익힌다.

등 뒤에서 안고 '보고 따라하기 놀이'

말을 못하는 아기 때도 '보고 따라하기' 놀이는 중요한 학습법이다.

그런데 마주 앉아서 수저를 사용하는 법을 가르치면 아기는 곧바로 따라할 수 없다. 아이에게는 엄마 손이 반대 방향으로 보이기 때문이다.

특히 손으로 도구를 사용할 때는 아이의 등 뒤에서 손을 감싸 쥐고 몇 번이고 움직이자.

공이나 라켓 잡는 법을 정확하게 가르칠 때도 흔히 뒤에서 함께 잡고 가르친다. 성인을 가르칠 때도 많이 볼 수 있는 모습인데, 가르치는 이가 가져야 할 중요한 마음가짐이다.

성인이 되었을 때 좌우 손을 사용하는 정도가 크게 다른 사람은 어린 시절부터 반대편 손을 거의 사용하지 않았던 사람이다.

나는 손주들에게 주머니에 손을 넣은 채 걷는 것조차 금지한다.

아들에게는 한 손으로 먹으면 안 된다고 자주 주의를 주었다.

아기 때부터 엄마가 관심을 갖지 않으면 한 손만 사용하게 되어 버린다.

아이의 등 뒤에서 손을 잡고
같이 움직이자

'주로 쓰는 손의 반대쪽 손 사용'을 연습

모래밭에서 아이들은 엄마와 흙장난을 하거나 빈 그릇에 축축한 모래를 채운 다음 엎어서 푸딩 모양을 만들며 논다.

잘 만드는 아이를 보면 양손을 능숙하게 사용한다.

엄마에게 대신 만들어달라고 조른다면 만들 때 손 모양을 잘 보여주면 아이도 점점 잘하게 된다.

엄마가 그릇을 붙잡고 아이는 모래를 채우는 것만 하게 해도 좋다. 아이에게 '조금 더 넣어볼까'라고 엄마가 말하면 아이가 채운다. 엄마가 그릇을 뒤집어 모래 푸딩을 완성하고 아이가 부수게 하는 것도 괜찮다.

놀이터에 가면 아이들이 몇 명씩 모래밭에 무리를 이루고 앉아 있는 경우가 있는데 이런 좋은 기회에 엄마들이 끼어들면 아이가 친구를 만들지 못한다. 꾹 참고 지켜만 보자.

다른 친구 없이 엄마하고만 논다면 아까운 노릇이다.

집에서 노는 동안 밀가루 등으로 경단을 만들거나 종이공을 만들면서 손을 움직이는 법을 알려주고 엄마가 만드는 모습을 보여준다. 그런 다음 놀이터에 데려가자.

다 함께 어울리며 금세 함께 놀도록 만드는 것이 엄마의 역할이다. 아이 자신이 다른 누구보다도 잘한다고 느끼고 즐거워하는 것은 엄마에게 달렸다. 혹시 엄마가 손재주가 없어도 걱정할 필요 없다. 아이보다는 틀림없이 잘할 테니까.

손놀림이 좋은 아이의 동작을 잘 보자. 손의 분업이 교묘하게 이루어져서 양손을 다 잘 사용한다.

아이 자신을 위해서나 엄마가 좋은 스승이 되기 위해서 주로 쓰는 손의 반대쪽 손을 사용하는 연습을 하자. 주로 쓰는 손의 반대쪽 손을 엄마가 잡아주는 것만으로도 큰 차이가 생긴다.

주로 쓰는 손의
반대쪽 손을 사용해서
경단 만들기

주로 쓰는 손은 3세 무렵에 정해진다.

이 무렵이면 말을 할 수 있게 되고 좌우 뇌의 분화가 분명해지기 때문이다.

0~1세에 좌우 손을 사용할 수 있게 하는 것이 나중에 유리하다.

모든 운동은 보고 따라하며 익히는 것이 원칙이다. 반복해서 하면 점점 잘하게 된다.

시곗바늘로
시간 개념 익히기

시간의 길이는 숫자로 표시하는데 아이가 시간 개념을 익히도록 내가 평소에 신경 쓰는 것이 있다. 숫자에 흥미를 갖게 트레이닝하는 것이다.

손주가 태어난 후 나는 집 안에 있는 시계를 긴바늘과 짧은바늘이 달린 아날로그시계로 바꾸었다. 벽걸이 시계뿐 아니라 탁상시계까지 바꾸었다.

뇌과학 할머니의 숫자에 강해지는 말 걸기

아이가 이해하든지 못하든지 시계 소리를 들려주며 긴바늘이 움직이는 것에 관심을 갖게 했다.

아이들은 빠르게 움직이는 초침에 금세 관심을 보이지만 쉽게 흥미를 잃는다.

평소 긴바늘에 관심을 갖도록 시계를 보면서 숫자를 넣어 아이에게 말하자.

"이제 3시구나. 간식 먹자."

"낮잠 푹 잤구나. 2시부터 잤으니까 한 시간 잤네."

의식적으로 아기와 시계를 소재로 이야기하자.

엄마가 올바른 표현으로 정확하게 이야기하고, 차근차근 같은 말을 반복해서 해주면 주위 아이들보다 일찍 말문이 트인다.

숫자에 관심을 갖기 전부터
손가락으로 가리키며
시곗바늘의 위치를 알려준다

긴바늘이 여기 오면 밖에 나가자

"긴바늘이 여기까지 오면 놀러 나가자."

"시곗바늘이 여기까지 오면 장난감 치우기로 하자."

아이가 글자에 흥미를 갖기 전부터 이렇게 손가락으로 가리키며 시곗바늘의 위치를 알려주자.

유아는 바늘의 각도를 도형으로 파악하여 기억한다.

그러다 드디어 숫자에도 흥미를 나타낸다. 문자보다 먼저 숫자 0부터 9를 알게 된다.

달력 등의 숫자에 흥미를 가지면 감각적으로 표현하기 힘든 것도 뇌에 입력된다. 아이가 놀면서 1, 2, 3을 세게 하자.

카운팅 행동은 왜 효과가 있을까?

숫자 세기는 아무 데서나 할 수 있다. 놀면서 즐겁게 수와 친해지게 하자(→133쪽 이후에서 상세하게 소개하겠다).

처음에 수를 셀 때 나는 '욕조 안에서 시간 세기'를 시켰다.

목욕할 때 턱 끝까지 몸을 담그게 한 다음 신호에 따라 1, 2, 3, ……, 9, 10 하고 세며 몸을 앞뒤로 흔드는 카운팅 행동을 하게 하고 이어서 거꾸로 세는 카운트다운을 시작한다.

"10, 9, ……, 3, 2, 1, 0"

0이라고 하는 순간 욕조에서 벌떡 일어서게 한다. 로켓처럼 0이 될 때 발사하는 것이다.

이 놀이를 세 차례 정도 반복하면 충분하다. 영어로 세어도 좋다. 카운팅 행동을 함께 하면 수의 의미를 이해하고 행동을 빨리 할 수 있다.

수는 만국 공통이다.

카운팅 행동은 수를 즐겁게 셀 수 있고 0의 개념도 함께 알게 해 일석이조다.

⸻

기소 박사의 한마디

사물의 양을 나타내는 방식은 '아날로그'와 '디지털'이 있다.

어느 쪽이든 아기는 이해하지 못한다. 전전두영역이 발달해야 알 수 있기 때문이다.

처음으로 숫자에 관심을 보이고 0부터 10을 익힐 때 숫자의 순서도 가르치자. 1, 2라고 하면서 엄지와 검지를 접게 한다.

시간 개념을 익힐 때는 '아날로그 방식'과 '디지털 방식'을 각각 사용한다. 아날로그 방식은 아날로그 시계를 보여주고 그림으로 기억하게 하는 식이다. 예를 들어 오후 2시라면 긴바늘과 짧은바늘이 어디에 있는지 모양을 보고 기억하게 한다.

0의 개념도 일찍부터 갖게 하자. 2015년 도호쿠대학교 대학원 의학계연구과 생체시스템생리학 교수인 무시아케 하지메 박사팀은 일본원숭이의 두정연합영역에서 부호가 0개인 영상에 반응하는 신경세포를 발견했다고 보고했다. 그 신경세포는 아무것도 없는 영상(빈 영상)에도 반응했다. 이 결과는 일본원숭

일본원숭이도
0의 개념을 안다?

이가 0의 개념을 가지고 있다는 것을 보여준다.

원숭이가 0의 개념을 어떻게 사용하는지는 아직 알려지지 않았지만 0의 개념을 모르면 원숭이만 못하다는 소리가 된다(웃음).

2014년, 유니버시티칼리지런던의 세미엘 제키 교수(신경생리학) 팀은 수학자에게 수식을 보여주고 아름답다고 느끼는지, 뇌의 어느 부분에서 느끼는지 조사했다.

그 결과 뛰어난 수학자는 수식이나 수의 배열을 볼 때 아름답다고 느끼며 그때 전전두영역의 앞쪽 내측 부분이 활발해진다는 것을 밝혀냈다.

이곳은 평범한 사람이 아름다운 예술 작품을 보거나 미인의 얼굴을 볼 때 활성화되는 부위다. 똑똑한 사람이 더 활발하게 반응했다.

'수열의 아름다움'을 느끼는 아이가 될 수 있게 수를 가르치자. 아이 방에 예쁜 달력을 장식해 두는 것도 좋다.

'1분의 시간 감각' 익히기

초침으로 1분을 실감하게 한다

컵라면이 익는 시간은 3분이다. 3분은 의외로 길다! 기다리면서 젓가락을 놓고 상을 닦는 등 여러 가지 일을 할 수 있다.

3분 동안 가만히 기다리면 라면이 다 익은 후에 젓가락을 챙기는 등 부산을 떨다가 몇 분이 더 지나서야 먹을 수 있다. 평소 시간 배분을 어떻게 해야 하는지 가르치자. 시간 배분과 계획성은 유아 때부터 가르쳐야 할 중요한 감각교육이다.

시계를 보면서 호흡이 되는 한 길게 소리를 낸다. 아이와 시합을 해도 좋다. 아이에게 지지 않도록 열심히 하자.

초침이 움직이는 것을 가리키면서 엄마가 먼저 시범을 보이고 설명한다.

"어때, 엄마 오래 하지? ○○이도 엄마처럼 해볼까?"

"이 바늘이 빙 돌아서 다시 올 때까지 소리를 내는 거야. 숨차면 잠깐 쉬었다가 계속해도 돼."

이렇게 알려주고 초침이 12에 있을 때 시작하여 한 바퀴 돌아 다시 12에 올 때까지 길게 '아~' 하고 소리를 내도록 한다. 아이에게 1분을 충분히 체감시키기 위해서다.

이 놀이는 엄마의 말을 알아듣지만 말은 떠듬떠듬하는 시기에도 할 수 있다. 엄마와 아이가 함께 발성 연습도 겸해서 큰소리로

1분을 실감하는 타이머 놀이

즐겁게 해보자.

일상적으로 보는 물건인 시계가 어떤 의미를 가진 것인지 아이가 일찍 깨닫고 이용법을 감각적으로 이해할 수 있게 되면 시간의 길이를 일찍 체득할 수도 있다.

포인트는 아이에게 말할 때도 엄마가 혼잣말을 할 때도 시계를 보면서 이야기하는 것이다.

"벌써 3시나 됐구나."

"조금 있으면 5시야."

"긴바늘이 여기에 왔을 때 목욕하는 거야. 그 전에 장난감은 제자리에 정리하자."

아기 때부터 이런 식으로 말을 걸자.

아이가 다 알아듣지 못하더라도 "어제는 장난감 정리를 아주 빨리 했었지. 오늘은 엄마가 안 도와줘도 빨리 해보자. 5분 동안 하는 거야."처럼 반드시 시간의 길이를 정해서 말하자.

3과 5, 홀수로 생활에 경계선을 만든다

아이에게 '5분'이라고 할 땐 '5'라는 숫자를 잊지 않게 하는 것이 중요하다.

"3분 동안 치우자"

"3시가 돼 가네."

"5시 됐구나"

나는 아이들에게 이렇게 3, 5를 자주 사용하여 말했다. 3과 5라는 홀수가 생활에 경계선이 되어주는 적당한 시간이기 때문이다.

형이 있는 동생은 일찍부터 같은 말을 듣기 때문에 이해가 빠르고 바로 받아들인다.

3과 5로
생활의 경계선을
만든다

5시 됐구나

3분 동안 치우자

맏이를 키울 때 시행착오를 겪지만 걱정할 거 없다.

나도 두 아들을 키울 때 각자 받아들이는 방식이 다름에도 모두 산수와 수학에 강한 아이로 자랐다. 성인이 된 후에도 수학적 논리에 전혀 거부감을 갖지 않게 되었다.

기소 박사의 한마디

작업을 할 때 어떤 절차로 어떻게 할지 시간을 고려하여 계획하는 것은 전전두영역이, 시간 배분은 워킹메모리가 담당한다. 차분한 일처리는 계획이 다 한다. 시간의 기본 단위인 1분이 어느 정도 길이인지 아이가 감각적으로 알도록 하자.

여기서 소개한 타이머 놀이도 그 한가지다. 초침이 움직이는 모습을 보면서 '아-' 소리를 낸다. 1분의 길이를 감각적으로 알 수 있게 되었다면 꼭 일상생활에서도 사용하기 바란다.

예를 들면 컵라면에 물을 붓고 3분을 기다리는 동안 아이들에게 다른 곳에 갔다가 3분에 맞춰 돌아오도록 하는 놀이도 좋다.

뇌에는 시간의 길이 차이를 이해하는 특별한 중추가 없다. 기억, 주의, 감각 수용 등 신경정보처리를 하는 부위가 움직임에 시간 차가 있다는 것을 파악하여 이해할 뿐이다.

알게 될 때까지 반복해서 연습하지 않으면 시간의 길이를 이해하는 것은 무척 어려운 일이다.

숫자 넣어 말하기

잠깐, 조금만, 나중에, 더, 많이, 대부분.

일상에서 모호한 양을 나타낼 때 자주 쓰는 표현이다.

내가 종종 봐주던 S라는 여자아이가 어느 날 유치원에서 돌아와 "아줌마, 우리 엄마 없어요"라며 나를 찾아왔다.

"엄마가 쪽지 써놓고 가시지 않았니?" 하고 물어보니 "있긴 있는데요……"라며 말을 흐렸다.

그래서 함께 S의 집으로 가보았다.

'학교에 갔다 올게. 30분 걸리니까 간식 먹고 있어라.'

쪽지에는 그렇게 쓰여 있었다.

하지만 S는 "내가 온 다음에 벌써 30분 지났다고요"라고 불평을 하며 덧붙였다. "몇 시에 갔는지도 모르고요."

"그럼 너 같으면 뭐라고 쓸래?"

내가 물으니 아이는 이렇게 대답했다.

"나는 이렇게 바보같이 안 써요! '몇 시까지 돌아올게'라고 쓸 거예요!"

어떤 경우에도 아이는 부모를 무시하면 안 된다

과연 내가 공들여 가르친 우등생이다. 맞는 얘기였지만 나는 "엄마한테 바보 같다고 하면 안 돼"라고 타일렀다.

엄마가 조금 시간 감각이 부족하다는 것을 5살 꼬마가 간파했던 것이다. 막내였던 S는 영특했다. 지기 싫어하는 성격에 언니 오빠를 따라잡으려 최선을 다하던 아이지만 부모에 대한 무례한 태도는 칭찬할 수 없다.

어떤 경우에도 아이가 부모를 무시할 때 그대로 둬선 안 된다.

우리 집에서는 '잠깐'은 30초, '조금만'은 5분까지, '나중에'는

아직 불명확한 언젠가라고 정해두고 사용했다. 아이가 커 가면서

불분명한 사용법도 쓰기는 했지만 열 살 정도까지는 시간을 표현

할 때 구체적인 숫자로 분명하게 말하려고 노력했다.

열 살 정도까지는 시간을 나타낼 때 구체적인 숫자를 사용하자

우리는 애매한 양을 구체적인 숫자로 표현하는 습관이 별로 없는데, 각 가정에서 우선 규칙을 정해두자.

그렇게 하면 조건이나 환경이 달라져도 간단하게 적용할 수 있다.

'오래'는 30분, '금방'은 2분까지 나타내는 식으로 정한다.

이렇게 해두면 영어를 익힐 때도 도움이 된다. many는? several은? a few는?

다른 사람과 대화할 때 확실한 표현을 사용해야 잘 통하는 것은 당연하다. 어릴 때부터 훈련하자.

동전놀이로 양감 익히기

여기서는 대략적인 숫자에 강해지는 동전놀이 트레이닝을 소개

한다.

10원짜리나 100원짜리 등 같은 종류의 동전을 20개 준비하여

다양한 방법으로 아이와 놀 수 있다.

10개, 20개의 양감을 익힐 수 있는 동전놀이

처음에는 20개를 한 무더기 쌓았다가 대충 둘로 나눈 다음 아이에게 '더 많은 쪽을 가져가봐'라고 고르게 한다.

다음에는 엄마와 아이가 차례로 동전을 하나씩 늘어놓는다. 아이가 하나를 놓으면 그 옆에 엄마도 하나를 놓는다. 나란히 늘어놓으면 아이도 어느 쪽이 많은지 금방 알 수 있다.

잘 모르는 시기에는 동전을 튕기며 놀자. 아이가 지겨워하지 않도록 쌓아올려서 비교해보아도 좋고 동전을 돌리면서 놀아도 좋다. 혹은 엄마와 아이가 각자 10개씩 쥐고 있다가 엄마의 신호에 따라 적당히 몇 개를 내놓았을 때 두 사람이 같은 개수라면 아이가 이기는 게임 등 여러 방식으로 놀이를 하면서 10개, 20개의 양감을 익히게 한다.

무작정 외우기 전에 숫자를 넣어 말하자

숫자놀이에도 동전을 사용한다.

저금통을 뜯어서 동전 종류별로 10개씩 쌓는다. 엄마와 아이, 누가 빨리 쌓나 내기한다.

이렇게 놀면서 얻은 감각으로 아이도 한눈에 10개보다 많다, 2~3개 많다, 적다를 오차 없이 맞힐 수 있다.

1부터 100까지 가르치기 전에 평소에 숫자를 넣어 말하자.

"3개 먹으렴."

"3분만 기다리자"

외우기는 그 다음이다.

한 남자 아이가 그럭저럭 괜찮던 성적이 초등학교 4학년 때부터 떨어지기 시작했다. 부모는 문제집을 사서 풀게 하며 열심히 공부시켰다.

어느 날 나는 그 아이가 공부하는 모습을 들여다보았다.

무조건 외우라고 하기 전에 평소에 숫자를 넣어 말하자

3개만 먹고 남겨놔라

마시멜로

아주 성실하고 차분한 아이였다.

응용문제를 푸는 모습을 보니 문제는 잘 이해했지만 제시된 숫자로 나눗셈을 제대로 하지 못해서 고전하고 있었다. 수 계산이 서툴렀던 것이다.

아이는 세 줄 정도 계산식을 쓰다가 마지막 줄에서야 틀렸다는 것을 깨달았다. 당황해서 지우개로 지우다가 종이가 찢어지고 엉망이 되었다. 의욕도 없는 데다 종이까지 찢어지는 통에 울상이 되었다.

놀면서 숫자에 강해지는 10원 동전 트레이닝

"답은 이 수보다 작아야 돼. 계산 도중에 알아채지 못한 게 문제야"라고 요령 좋게 답을 내는 방법을 지도했다.

그 일을 계기로 같은 학년 남자아이들을 모아서 매일 한두 시간씩 산수 놀이를 하기로 했다.

10원짜리 500개를 빨리 세는 데 어떤 방법이 좋을지 생각하기, 흩트려 놓은 10원짜리 앞면 뒷면이 각각 몇 개인지 세어보기,

지우개를 쓰지 않고 숫자 예쁘게 쓰기 등 놀면서 숫자에 강해지는 훈련을 했다.

유아 때라면 이렇게 시간을 들이지 않아도 감각적으로 받아들여 성장했을 것이다. 하지만 그 아이들은 그때까지 지혜의 고리, 미로, 직소퍼즐 등을 가지고 놀아본 경험이 없어서 문제가 복잡해지면 금세 손을 놓아버렸다.

훈련을 하면서 숫자를 빠르고 정확하게 쓸 수 있게 되고 식을 세우는 시간이 짧아지면서 아이들은 실수를 빨리 깨닫게 되고 자신감이 생겼다. 아이들은 훗날 모두 이과로 진학했다.

숫자에 강해지는 10원 동전 트레이닝

대략적인 수를 아는 것은 전전두영역의 활동이다. 동전놀이 트레이닝은 전전두영역의 활동을 위한 것이다.

똑같은 무게를 가진 사물을 많이 모아서 잘 나열하는지 보고, 나열한 것들을 비교하며 어느 쪽이 많은지 금액이나 무게가 대략 어느 정도인지 말해보도록 한다.

이렇게 익힌 감각을 일상생활에 이용한다.

"지금 밥 할 건데 쌀 한 움큼이 몇 그램인지 맞춰볼까?"라고 할 수도 있다.

정확한 계산과 대략적인 개산은 둘 다 중요하다. 엄마도 아이와 함께 수에 강해져 보자.

수건 3등분 접기

남자아이든 여자아이든 공통적으로 엄마를 도와주고 싶어 하는 시기가 있다. 이때 수건 개기를 시키자. '2분의 1'은 '반'이라는 얘기를 자연스럽게 할 수 있다. 다음에는 수건을 3등분하여 홀수에 익숙해지도록 하자.

초등학생은 물건으로 나눗셈을 할 수 있으면 수학에 자신감이 생긴다.

수건을 접을 때는 처음에 오른쪽 끝과 왼쪽 끝을 맞춰서 2등분하고 다시 반으로 접어서 4등분한다.

수건의 크기에 대해서는 아무것도 가르치지 말자. 그저 계속해서 잘 접었다고 칭찬하면서 도와줘 고맙다고 말한다.

아이가 4등분을 잘할 수 있게 되면 다음에는 3등분을 가르치자. 엄마가 먼저 3등분하는 방법을 알려준다.

아이가 긴 수건을 3등분하기는 어려우니 엄마가 일단 3등분한 다음 그것을 아이가 다시 3등분하도록 한다.

그렇게 하면 수건을 9등분할 수 있다.

왜 그럴까는 금지

크기가 다른 수건이 섞여 있으면 접기 어려우니 크기가 같은 새 수건을 빨래에 섞어 놓고 매일 아이에게 심부름을 시키자.

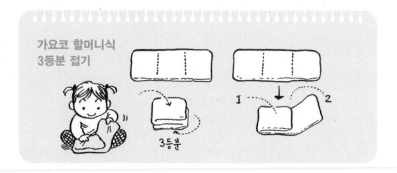

가요코 할머니식
3등분 접기

3등분

1   2

같은 크기의 수건도 접는 방법이 다르면 높이나 양감이 다르다.

가르치지 않고 아이가 체감하도록 말을 건다. '왜 그럴까?'라는 질문은 하면 안 된다. 감각을 단련하는 데 이론은 필요 없다.

엄마는 기본 동작만 가르치면 된다. 유아 교육에서 엄마의 가장 큰 역할은 아이가 감각을 익히기 좋은 환경을 제공하는 것이다.

기소 박사의 한마디

9등분 접기는 누구든 연습하면 할 수 있다. 수건 9등분 접기를 하면 색종이 9등분 접기도 쉽게 한다.

"이거 봐, 어떻게 접을까?"

어림짐작으로 생각하는 것도 작업 순서를 계획하는 것도 전 전두영역이다. 반듯하게 접는 동작은 전운동영역, 손의 움직임은 해당 근육을 지배하는 운동영역이 담당한다.

뇌의 여러 영역이 제대로 활동할 때 빠르게 해낼 수 있다.

리듬 운동

잠든 숨소리를 이용한다

손발을 씻거나 이를 닦는 등 연속 동작을 할 때 하나 둘 셋, 하나 둘 셋 리듬을 붙이면 아이가 빨리 익힌다.

배경 음악이 아니라 장단을 맞춘다는 느낌으로 엄마가 옆에서 "빨리 하자, 하나 둘! 신나게, 하나 둘!"이라고 손뼉을 치면서 리듬을 살린다.

노래뿐 아니라 말 걸기나 행동도 리듬을 잘 넣으면 매끄럽게 된다.

리듬을 이해하면 시간의 길이에 대한 감각이 생긴다.

아이를 재울 때 아이의 호흡에 맞추어서 등이나 어깨, 가슴을 두드리다가 점차 숨소리보다 느리게 두드리면 칭얼대던 아이도 쉽게 잠든다.

큰 소리로 울어대던 아이가 그치려고 해도 맘먹은 대로 그치지 못하는 경우가 있다. 숨이 가빠진 상태여서 엄마가 옆에서 아무리 다독여도 멈추지 못하는 것이다.

그럴 때는 아이의 양볼에 손을 대고 '천천히 숨을 내쉬어'라고 하며 내쉬는 숨에 맞추어서 누른다. 다음에는 '천천히 들이쉬어'라고 하면서 호흡 속도를 바꾸어 간다.

큰 소리로 오래 울다보면 숨이 가빠져서 짧고 강하게 한꺼번에

잠든 아이의 숨소리 리듬을 활용하면 수월하다

숨을 들이마시는데, 들숨이 너무 강하면 흥분 상태가 된다.

말을 거는 요령은 '울지 마'라고 달래며 부드럽게 등을 두드리면서 리듬을 점차 느리게 한다. 그런 다음 '숨 내쉬자, 마시자'라고 말을 건다.

"뚝 그치지 못해!"

"왜 운거니?"

이렇게 원인을 추궁하거나 나무라는 것이 아니라 아이가 울 정도로 괴로운 것을 없애도록 돕자.

아이는 부모가 언제 약해지는지 간파하고 있다

한편 입술이 파래지도록 우는 아이라면 손바닥으로 입술을 가볍게 두드려주자.

빠른 리듬으로, 내쉬는 숨을 되돌리듯 두드리면 된다.

얼굴이 새빨개져 우는 아이든 파래져서 우는 아이든 호흡 리듬이 어긋난 것이다. 처음 울기 시작한 이유와는 별개로 내쉬고 들이쉬는 균형이 깨진 탓에 더 불쾌해진다.

아이의 울음소리에 져서 엄마가 요구를 들어주자마자 생글거리는 아이는 호흡을 제대로 조절할 수 있을 뿐 아니라 뇌도 상당히 발달했다고 볼 수 있다.

꾀가 늘었다는 점은 기쁜 일이지만 엄마의 약한 부분이 완전히 간파되었다는 문제가 있다.

엄마가 시키는 대로 잘 해내면 아이는 기분이 좋아진다. 제대로 해낸 체험이 많으면 많을수록 아이는 바르게 자란다.

세 살 무렵의 아이는 부모의 육아 방식, 행동 패턴을 잘 안다. 부모와 아이가 머리싸움을 하는 시기다. 이 무렵의 아이는 야단치면 울고 내버려두면 버릇이 나빠진다. 부모의 인내가 필요한 때다.

뇌에서 리듬을 만드는 곳은 전두엽 전운동영역의 내측 부분이다. 이 부위가 활동하지 않으면 리듬 운동을 할 수 없다.

운동을 할 때는 리듬감 있게 말을 걸면 하기 쉽다. 발 운동을 할 때라면 말을 거는 동시에 손도 움직여 보자.

음악(노래, 연주, 작곡)은 리듬감을 높이는 데도 효과적이다.

덧셈뺄셈 구구단
따라 읽기

아이의 계산 메커니즘 대발견

드디어 산수, 수학에 강한 아이로 키우는 한 자릿수 덧셈뺄셈 방법을 소개하겠다.

지금부터 소개하는 덧셈뺄셈 구구단을 리드미컬하게 읽기만 해도 수에 강한 아이가 된다.

앞에서 설명한 것처럼 2014~2015년에 수행된 아동의 계산 메커니즘 연구에서 대발견이 있었다.

수학 교육을 근본적으로 바꿔야 할 정도의 발견이다. 바로 암산 방법이 성인과 아이는 다르다는 것이다.

수의 계산은 성인도 아이도 전전두영역에서 한다.

그런 다음 아이는 계산 결과를 전전두영역(→136쪽 뇌지도에서 브로드만 영역 46)에 워킹메모리로서 기억하지만 성인은 해마가 활성화되어 결과를 좌우 후부두정피질(→136쪽 뇌지도에서 브로드만 영역 39와 영역 40(측두두정연합영역))에 기억한다는 것이 밝혀졌다.

처음 암산을 하는 아이는 전전두영역에 암산 관련 세포가 거의 없다.

암산을 반복해서 하면 신경 세포 틈새(시냅스) 연결이 생겨서 관련 세포의 수가 늘어나 암산이 빨라진다.

처음에는 계산이 느리고 답을 금방 잊어버려 틀리던 아이도 계

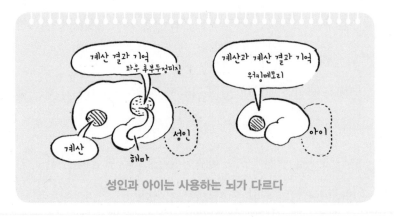

성인과 아이는 사용하는 뇌가 다르다

속해서 암산을 반복하면 전전두영역에서 기억하는 시간이 서서히 늘어난다.

워킹메모리는 잘 기억해야 10분 정도지만 암산을 반복하면 해마가 활동하게 되고 몇 번이고 반복하면 영구히 기억할 수 있게 되는 것이다.

성인은 계산이 빠르고 정확하며 답을 쉽게 잊어버리지 않는다.

아이도 암산을 반복하다보면 성인처럼 할 수 있게 된다.

0~9까지 한 자릿수를 말할 수 있게 되었다면 반복해서 암산을 하는 동안 점점 계산에 강해진다.

성인과 아이는 계산에 사용하는 뇌가 다르다

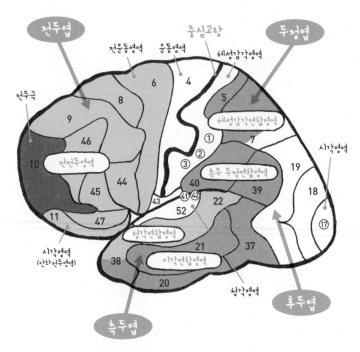

브로드만 영역 1·2·3	피부로 들어오는 정보
브로드만 영역 17·18·19	눈으로 들어오는 정보
브로드만 영역 39·40	감각정보를 종합하여 이해하는 영역
브로드만 영역 41·42	귀로 들어오는 정보

※ 대뇌 왼쪽 반구의 가쪽 표면 브로드만 영역

136

한 자릿수 덧셈 구구단

이제 소리 내어 읽는 '덧셈뺄셈 구구단'을 최초 공개한다.

벽에 붙여 놓고 아이와 함께 읽으면 매우 효과적인데 우선 〈그림 1〉의 한 자릿수 덧셈을 해보자.

가로축(0~9)의 첫 번째 0을 보자.

0에 세로축(+0, +1, +2,……)을 순서대로 더해 간다.

먼저 0열부터 시작이다.

준비됐는가?

아이와 함께 큰 소리로 읽어보자.

여기서부터 시작

	0	1	2	3	4	5	6	7	8	9
+0	0	1	2	3	4	5	6	7	8	9
+1	1	2	3	4	5	6	7	8	9	
+2	2	3	4	5	6	7	8	9		
+3	3	4	5	6	7	8	9			
+4	4	5	6	7	8	9				
+5	5	6	7	8	9					
+6	6	7	8	9						
+7	7	8	9							
+8	8	9								
+9	9									

엄마와 아이가 즐겁게 읽는 것이 비결!

영 더하기 영은 영
영 더하기 일은 일
영 더하기 이는 이

큰소리로 즐겁게 읽어요!

0단

[0+0=0] (영 더하기 영은 영)

[0+1=1] (영 더하기 일은 일)

[0+2=2] (영 더하기 이는 이)

[0+3=3] (영 더하기 삼은 삼)

[0+4=4] (영 더하기 사는 사)

[0+5=5] (영 더하기 오는 오)

[0+6=6] (영 더하기 육은 육)

[0+7=7] (영 더하기 칠은 칠)

[0+8=8] (영 더하기 팔은 팔)

[0+9=9] (영 더하기 구는 구)

1단

[1+0=1] (일 더하기 영은 일)

[1+1=2] (일 더하기 일은 이)

[1+2=3] (일 더하기 이는 삼)

[1+3=4] (일 더하기 삼은 사)

[1+4=5] (일 더하기 사는 오)

[1+5=6] (일 더하기 오는 육)

[1+6=7] (일 더하기 육은 칠)

[1+7=8] (일 더하기 칠은 팔)

[1+8=9] (일 더하기 팔은 구)

리듬에 맞추어 큰 소리로 읽는다.

2단

[2+0=2] (이 더하기 영은 이)

[2+1=3] (이 더하기 일은 삼)

[2+2=4] (이 더하기 이는 사)

[2+3=5] (이 더하기 삼은 오)

[2+4=6] (이 더하기 사는 육)

[2+5=7] (이 더하기 오는 칠)

[2+6=8] (이 더하기 육은 팔)

[2+7=9] (이 더하기 칠은 구)

3단

[3+0=3] (삼 더하기 영은 삼)

[3+1=4] (삼 더하기 일은 사)

[3+2=5] (삼 더하기 이는 오)

[3+3=6] (삼 더하기 삼은 육)

[3+4=7] (삼 더하기 사는 칠)

[3+5=8] (삼 더하기 오는 팔)

[3+6=9] (삼 더하기 육은 구)

4단

[4+0=4] (사 더하기 영은 사)

[4+1=5] (사 더하기 일은 오)

[4+2=6] (사 더하기 이는 육)

[4+3=7] (사 더하기 삼은 칠)

[4+4=8] (사 더하기 사는 팔)

[4+5=9] (사 더하기 오는 구)

5단

[5+0=5] (오 더하기 영은 오)

[5+1=6] (오 더하기 일은 육)

[5+2=7] (오 더하기 이는 칠)

[5+3=8] (오 더하기 삼은 팔)

[5+4=9] (오 더하기 사는 구)

6단

[6+0=6] (육 더하기 영은 육)

[6+1=7] (육 더하기 일은 칠)

[6+2=8] (육 더하기 이는 팔)

[6+3=9] (육 더하기 삼은 구)8단

[8+0=8] (팔 더하기 영은 팔)

[8+1=9] (팔 더하기 일은 구)

7단

[7+0=7] (칠 더하기 영은 칠)

[7+1=8] (칠 더하기 일은 팔)

[7+2=9] (칠 더하기 이는 구)

8단

[8+0=8] (팔 더하기 영은 팔)

[8+1=9] (팔 더하기 일은 구)

9단

[9+0=9] (구 더하기 영은 구)

이렇게 해서 한 차례 읽기를 마친다.

성인이라면 2~3분이면 전부 읽을 수 있지만 아이는 시간이 걸린다. 절대 초조해하지 말자. 몇 번이고 해보면 틀림없이 할 수 있다.

처음에는 아이와 함께 큰 소리로 즐겁게 읽기만 하면 된다.

한 자릿수 뺄셈 구구단

한 자릿수 뺄셈도 똑같이 해보자.

가로축(9~1)의 첫 번째 9를 보자.

9에 세로축(-0, -1, -2,……)을 순서대로 빼 간다.

먼저 9열부터 시작이다.

준비됐는가?

아이와 함께 큰 소리로 읽어보자.

여기서부터
시작

	9	8	7	6	5	4	3	2	1	0
−0	9	8	7	6	5	4	3	2	1	0
−1	8	7	6	5	4	3	2	1	0	
−2	7	6	5	4	3	2	1	0		
−3	6	5	4	3	2	1	0			
−4	5	4	3	2	1	0				
−5	4	3	2	1	0					
−6	3	2	1	0						
−7	2	1	0							
−8	1	0								
−9	0									

구 빼기 영은 구
구 빼기 일은 팔
구 빼기 이는 칠

여러 번
읽어보자!

145

9단

[9-0=9] (구 빼기 영은 구)

[9-1=8] (구 빼기 일은 팔)

[9-2=7] (구 빼기 이는 칠)

[9-3=6] (구 빼기 삼은 육)

[9-4=5] (구 빼기 사는 오)

[9-5=4] (구 빼기 오는 사)

[9-6=3] (구 빼기 육은 삼)

[9-7=2] (구 빼기 칠은 이)

[9-8=1] (구 빼기 팔은 일)

[9-9=0] (구 빼기 구는 영)

8단

[8-0=8] (팔 빼기 영은 팔)

[8-1=7] (팔 빼기 일은 칠)

[8-2=6] (팔 빼기 이는 육)

[8-3=5] (팔 빼기 삼은 오)

[8-4=4] (팔 빼기 사는 사)

[8-5=3] (팔 빼기 오는 삼)

[8-6=2] (팔 빼기 육은 이)

[8-7=1] (팔 빼기 칠은 일)

[8-8=0] (팔 빼기 팔은 영)

7단

[7-0=7] (칠 빼기 영은 칠)

[7-1=6] (칠 빼기 일은 육)

[7-2=5] (칠 빼기 이는 오)

[7-3=4] (칠 빼기 삼은 사)

[7-4=3] (칠 빼기 사는 삼)

[7-5=2] (칠 빼기 오는 이)

[7-6=1] (칠 빼기 육은 일)

[7-7=0] (칠 빼기 칠은 영)

6단

[6-0=6] (육 빼기 영은 육)

[6-1=5] (육 빼기 일은 오)

[6-2=4] (육 빼기 이는 사)

[6-3=3] (육 빼기 삼은 삼)

[6-4=2] (육 빼기 사는 이)

[6-5=1] (육 빼기 오는 일)

[6-6=0] (육 빼기 육은 영)

5단

[5-0=5] (오 빼기 영은 오)

[5-1=4] (오 빼기 일은 사)

[5-2=3] (오 빼기 이는 삼)

[5-3=2] (오 빼기 삼은 이)

[5-4=1] (오 빼기 사는 일)

[5-5=0] (오 빼기 오는 영)

4단

[4-0=4] (사 빼기 영은 사)

[4-1=3] (사 빼기 일은 삼)

[4-2=2] (사 빼기 이는 이)

[4-3=1] (사 빼기 삼은 일)

[4-4=0] (사 빼기 사는 영)

3단

[3-0=3] (삼 빼기 영은 삼)

[3-1=2] (삼 빼기 일은 이)

[3-2=1] (삼 빼기 이는 일)

[3-3=0] (삼 빼기 삼은 영)

2단

[2-0=2] (이 빼기 영은 이)

[2-1=1] (이 빼기 일은 일)

[2-2=0] (이 빼기 이는 영)

1단

[1-0=1] (일 빼기 영은 일)

[1-1=1] (일 빼기 일은 영)

0단

[0-0=0] (영 빼기 영은 영)

'덧셈뺄셈 구구단' 암송은 왜 효과적일까?

덧셈뺄셈 구구단은 뇌과학의 권위자 구보타 기소 박사가 고안하여 이 책에서 최초로 공개한다. 덧셈뺄셈 구구단을 소리 내어 읽는 것만으로 0의 개념을 자연스럽게 익히고 초등 1학년을 마칠 때 수준의 계산력을 갖출 수 있다. 해마를 사용해서 손가락을 꼽지 않고도 해답을 기억할 수 있기 때문에 불필요한 카운팅 행동이 서서히 줄어든다.

최신 뇌과학 논문에 따르면 어릴 때부터 암산을 한 아이가 대학교 입학시험에서 성적이 더 좋은 경향이 있다고 한다. 암산을 하면 후부두정피질의 앞쪽 부분(136쪽 뇌지도에서 브로드만 영역 40)이 활발해진다는 보고가 있다.

권말에 덧셈뺄셈 구구단 포스터를 첨부했다. 벽에 붙여 놓고 반드시 일찍부터 아이에게 익히게 하자. 준비되었는가?

앞에서 설명한 요령대로 우선 한 자릿수 덧셈 구구단, 그 다음 한 자릿수 뺄셈 구구단을 엄마와 아이가 같이 소리 내어 읽자. 〈그림3〉과 〈그림4〉에서 한 자릿수 덧셈과 뺄셈 구구단을 읽는 법까지 한눈에 볼 수 있게 정리했다.

아이가 숫자를 익히지 못한 경우에는 손가락이나 봉으로 그 숫자를 가리키며 엄마 아빠가 소리 높여 읽어보자.

많이 익숙해지면 '0 더하기 1' '9 빼기 0'에서 '더하기'와 '빼기'는 읽지 않고 숫자만 읽어도 좋다. 이렇게 숫자만 빨리 말하는 편이 뇌를 더 활성화시킨다.

즐겁게 놀면서 초등학교 1학년 계산력의 기본을 갖출 수 있다. 이렇게 좋은 일이 있을까.

〈그림3〉 한눈에 보는 한 자릿수 덧셈

여기서부터 시작

	0	1	2	3	4
+0	**0** 0 더하기 0은 0	**1** 1 더하기 0은 1	**2** 2 더하기 0은 2	**3** 3 더하기 0은 3	**4** 4 더하기 0은 4
+1	**1** 0 더하기 1은 1	**2** 1 더하기 1은 2	**3** 2 더하기 1은 3	**4** 3 더하기 1은 4	**5** 4 더하기 1은 5
+2	**2** 0 더하기 2는 2	**3** 1 더하기 2는 3	**4** 2 더하기 2는 4	**5** 3 더하기 2는 5	**6** 4 더하기 2는 0
+3	**3** 0 더하기 3은 3	**4** 1 더하기 3은 4	**5** 2 더하기 3은 5	**6** 3 더하기 3은 6	**7** 4 더하기 3은 7
+4	**4** 0 더하기 4는 4	**5** 1 더하기 4는 5	**6** 2 더하기 4는 6	**7** 3 더하기 4는 7	**8** 4 더하기 4는 8
+5	**5** 0 더하기 5는 5	**6** 1 더하기 5는 6	**7** 2 더하기 5는 7	**8** 3 더하기 5는 8	**9** 4 더하기 5는 9
+6	**6** 0 더하기 6은 6	**7** 1 더하기 6은 7	**8** 2 더하기 6은 8	**9** 3 더하기 6은 9	
+7	**7** 0 더하기 7은 7	**8** 1 더하기 7은 8	**9** 2 더하기 7은 9		
+8	**8** 0 더하기 8은 8	**9** 1 더하기 8은 9			
+9	**9** 0 더하기 9는 9				

5	6	7	8	9
5 5 더하기 0은 5	**6** 6 더하기 0은 6	**7** 7 더하기 0은 7	**8** 8 더하기 0은 8	**9** 9 더하기 0은 9
6 5 더하기 1은 6	**7** 6 더하기 1은 7	**8** 7 더하기 1은 8	**9** 8 더하기 1은 9	
7 5 더하기 2는 7	**8** 6 더하기 2는 8	**9** 7 더하기 2는 9		
8 5 더하기 3은 8	**9** 6 더하기 3은 9			
9 5 더하기 4는 9				

5 더하기 0은 5
5 더하기 1은 6
5 더하기 2는 7
5 더하기 3은 8

재미있게
임기만 하면
계산력이 높아진다!

〈그림4〉 한 눈에 보는 한 자릿수 뺄셈

여기서부터 시작

	9	8	7	6	5
-0	**9** 9 빼기 0은 9	**8** 8 빼기 0은 8	**7** 7 빼기 0은 7	**6** 6 빼기 0은 6	**5** 5 빼기 0은 5
-1	**8** 9 빼기 1은 8	**7** 8 빼기 1은 7	**6** 7 빼기 1은 6	**5** 6 빼기 1은 5	**4** 5 빼기 1은 4
-2	**7** 9 빼기 2는 7	**6** 8 빼기 2는 6	**5** 7 빼기 2는 5	**4** 6 빼기 2는 4	**3** 5 빼기 2는 3
-3	**6** 9 빼기 3은 6	**5** 8 빼기 3은 5	**4** 7 빼기 3은 4	**3** 6 빼기 3은 3	**2** 5 빼기 3은 2
-4	**5** 9 빼기 4는 5	**4** 8 빼기 4는 4	**3** 7 빼기 4는 3	**2** 6 빼기 4는 2	**1** 5 빼기 4는 1
-5	**4** 9 빼기 5는 4	**3** 8 빼기 5는 3	**2** 7 빼기 5는 2	**1** 6 빼기 5는 1	**0** 5 빼기 5는 0
-6	**3** 9 빼기 6은 3	**2** 8 빼기 6은 2	**1** 7 빼기 6은 1	**0** 6 빼기 6은 0	
-7	**2** 9 빼기 7은 2	**1** 8 빼기 7은 1	**0** 7 빼기 7은 0		
-8	**1** 9 빼기 8은 1	**0** 8 빼기 8은 0			
-9	**0** 9 빼기 9는 0				

154

4	3	2	1	0
4 4 빼기 0은 4	**3** 3 빼기 0은 3	**2** 2 빼기 0은 2	**1** 1 빼기 0은 1	**0** 0 빼기 0은 0
3 4 빼기 1은 3	**2** 3 빼기 1은 2	**1** 2 빼기 1은 1	**0** 1 빼기 1은 0	
2 4 빼기 2는 2	**1** 3 빼기 2는 1	**0** 2 빼기 2는 0		
1 4 빼기 3은 1	**0** 3 빼기 3은 0			
0 4 빼기 4는 0				

초등학교 입학 전에
초등학교 1학년을 산수를 쉽게 시작한다

4장

뇌과학자 기소 박사의

슈퍼엘리트 양성
특별강의

엘리트로 키우는
두 자릿수 덧셈뺄셈 구구단

한국과 일본 모두 초등학교 1~2학년 수학에서 두 자릿 수 범위의 덧셈과 뺄셈, 곱셈을 배운다. 앞에서 한 자릿수 덧셈뺄셈 암산을 할 수 있다면 초등 1학년 수학의 기본을 갖춘 것이라고 설명했다. 나는 '한 자릿수 덧셈뺄셈' 암산만 가능하면 이외의 것은 서서히 할 수 있게 된다고 생각하기에 계산력 향상의 중심은 무엇보다도 한 자릿수 덧셈뺄셈이라고 본다.

여기서는 더 높은 수준의 훈련을 하고 싶은 사람을 위해 두 자릿수 덧셈뺄셈과 한 자릿수 곱셈뺄셈을 소개한다.

두 자릿수 덧셈 구구단

두 자릿수 덧셈, 뺄셈의 기본적인 방법은 한 자릿수 덧셈과 마찬가지다.

0~9의 가로축에 세로축의 +10부터 +19까지 순서대로 더해간다. 우선 0에 +10부터 +19까지 순서대로 더하여 마지막 줄의 9+10=19로 마친다. 160~161쪽 〈그림5〉를 보면서 해보자.

다음으로 162~163쪽의 〈그림6〉을 보면서 가로축의 10에 +0부터 +9까지 순서대로 더하는 것부터 시작하여 마지막의 19+0=19까지 해보자.

두 자릿수 뺄셈 구구단

이어서 두 자릿수 뺄셈에 도전한다. 이것도 한 자릿수 뺄셈과 마찬가지 요령이다. 164~165쪽의 〈그림7〉을 보자.

가로축의 19~10행에서 세로축의 −0부터 −9까지를 차례로 빼서 마지막 10-0=10으로 마친다.

⟨그림5⟩ 두 자릿수 덧셈 구구단1

여기서부터
시작

	0	**1**	**2**	**3**	**4**
+ 10	**10** 0 더하기 10은 10	**11** 1 더하기 10은 11	**12** 2 더하기 10은 12	**13** 3 더하기 10은 13	**14** 4 더하기 10은 14
+ 11	**11** 0 더하기 11은 11	**12** 1 더하기 11은 12	**13** 2 더하기 11은 13	**14** 3 더하기 11은 14	**15** 4 더하기 11은 15
+ 12	**12** 0 더하기 12는 12	**13** 1 더하기 12는 13	**14** 2 더하기 12는 14	**15** 3 더하기 12는 15	**16** 4 더하기 12는 16
+ 13	**13** 0 더하기 13은 13	**14** 1 더하기 13은 14	**15** 2 더하기 13은 15	**16** 3 더하기 13은 16	**17** 4 더하기 13은 17
+ 14	**14** 0 더하기 14는 14	**15** 1 더하기14는 15	**16** 2 더하기 14는 16	**17** 3 더하기 14는 17	**18** 4 더하기 14는 18
+ 15	**15** 0 더하기 15는 15	**16** 1 더하기 15는 16	**17** 2 더하기 15는 17	**18** 3 더하기 15는 18	**19** 4 더하기 15는 19
+ 16	**16** 0 더하기 16은 16	**17** 1 더하기 16은 17	**18** 2 더하기 16은 18	**19** 3 더하기 16은 19	
+ 17	**17** 0 더하기 17은 17	**18** 1 더하기 17은 18	**19** 2 더하기 17은 19		
+ 18	**18** 0 더하기 18은 18	**19** 1 더하기 18은 19			
+ 19	**19** 0 더하기 19는 19				

160

5	6	7	8	9
15	**16**	**17**	**18**	**19**
5 더하기 10은 15	6 더하기 10은 16	7 더하기 10은 17	8 더하기 10은 18	9 더하기 10은 19
16	**17**	**18**	**19**	
5 더하기 11은 16	6 더하기 11은 17	7 더하기 11은 18	8 더하기 11은 19	
17	**18**	**19**		
5 더하기 12는 17	6 더하기 12는 18	7 더하기 12는 19		
18	**19**			
5 더하기 13은 18	6 더하기 13은 19			
19				
5 더하기 14는 19				

한 자릿수를 마쳤으면
두 자릿수에 도전!

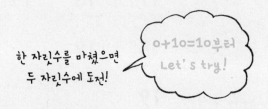

0+10=10부터
Let's try!

여기서부터
시작

	10	**11**	**12**	**13**	**14**
+0	**10** 10 더하기 0은 10	**11** 11 더하기 0은 11	**12** 12 더하기 0은 12	**13** 13 더하기 0은 13	**14** 14 더하기 0은 14
+1	**11** 10 더하기 1은 11	**12** 11 더하기 1은 12	**13** 12 더하기 1은 13	**14** 13 더하기 1은 14	**15** 14 더하기 1은 15
+2	**12** 10 더하기 2는 12	**13** 11 더하기 2는 13	**14** 12 더하기 2는 14	**15** 13 더하기 2는 15	**16** 14 더하기 2는 16
+3	**13** 10 더하기 3은 13	**14** 11 더하기 3은 14	**15** 12 더하기 3은 15	**16** 13 더하기 3은 16	**17** 14 더하기 3은 17
+4	**14** 10 더하기 4는 14	**15** 11 더하기 4는 15	**16** 12 더하기 4는 16	**17** 13 더하기 4는 17	**18** 14 더하기 4는 18
+5	**15** 10 더하기 5는 15	**16** 11 더하기 5는 16	**17** 12 더하기 5는 17	**18** 13 더하기 5는 18	**19** 14 더하기 5는 19
+6	**16** 10 더하기 6은 16	**17** 11 더하기 6은 17	**18** 12 더하기 6은 18	**19** 13 더하기 6은 19	
+7	**17** 10 더하기 7은 17	**18** 11 더하기 7은 18	**19** 12 더하기 7은 19		
+8	**18** 10 더하기 8은 18	**19** 11 더하기 8은 19			
+9	**19** 10 더하기 9는 19				

15
15 더하기 0은 15

16
16 더하기 0은 16

17
17 더하기 0은 17

18
18 더하기 0은 18

19
19 더하기 0은 19

16
15 더하기 1은 16

17
16 더하기 1은 17

18
17 더하기 1은 18

19
18 더하기 1은 19

17
15 더하기 2는 17

18
16 더하기 2는 18

19
17 더하기 2는 19

18
15 더하기 3은 18

19
16 더하기 3은 19

19
15 더하기 4는 19

15 더하기 0은 15
15 더하기 1은 16
15 더하기 2는 17
15 더하기 3은 18
15 더하기 4는 19

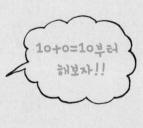
10+0=10부터
해보자!!

여기서부터 시작

	19	18	17	16	15
-0	**19** 19 빼기 0은 19	**18** 18 빼기 0은 18	**17** 17 빼기 0은 17	**16** 16 빼기 0은 16	**15** 15 빼기 0은 15
-1	**18** 19 빼기 1은 18	**17** 18 빼기 1은 17	**16** 17 빼기 1은 16	**15** 16 빼기 1은 15	**14** 15 빼기 1은 14
-2	**17** 19 빼기 2는 17	**16** 18 빼기 2는 16	**15** 17 빼기 2는 15	**14** 16 빼기 2는 14	**13** 15 빼기 2는 13
-3	**16** 19 빼기 3은 16	**15** 18 빼기 3은 15	**14** 17 빼기 3은 14	**13** 16 빼기 3은 13	**12** 15 빼기 3은 12
-4	**15** 19 빼기 4는 15	**14** 18 빼기 4는 14	**13** 17 빼기 4는 13	**12** 16 빼기 4는 12	**11** 15 빼기 4는 11
-5	**14** 19 빼기 5는 14	**13** 18 빼기 5는 13	**12** 17 빼기 5는 12	**11** 16 빼기 5는 11	**10** 15 빼기 5는 10
-6	**13** 19 빼기 6은 13	**12** 18 빼기 6은 12	**11** 17 빼기 6은 11	**10** 16 빼기 6은 10	
-7	**12** 19 빼기 7은 12	**11** 18 빼기 7은 11	**10** 17 빼기 7은 10		
-8	**11** 19 빼기 8은 11	**10** 18 빼기 8은 10			
-9	**10** 19 빼기 9는 10				

14	**13**	**12**	**11**	**10**
14 빼기 0은 14	13 빼기 0은 13	12 빼기 0은 12	11 빼기 0은 11	10 빼기 0은 10

13	**12**	**11**	**10**
14 빼기 1은 13	13 빼기 1은 12	12 빼기 1은 11	11 빼기 1은 10

12	**11**	**10**
14 빼기 2는 12	13 빼기 2는 11	12 빼기 2는 10

11	**10**
14 빼기 3은 11	13 빼기 3은 10

10
14 빼기 4는 10

19 빼기 0은 19
19 빼기 1은 18
19 빼기 2는 17
19 빼기 4는 15

19-1=9부터
큰소리로
즐겁게 읽자!

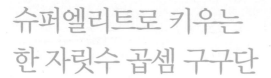

슈퍼엘리트로 키우는
한 자릿수 곱셈 구구단

다음으로 아이를 슈퍼엘리트로 키우고 싶은 부모를 위해 한 자릿

수 곱셈을 소개한다. 한 자릿수 곱셈은 초등학교 2학년 때 배운

다. 한 자릿수 덧셈뺄셈, 두 자릿수 덧셈뺄셈을 완벽하게 마친 경

우에만 하기 바란다. 못 하더라도 전혀 의기소침할 필요는 없다.

한 자릿수 덧셈뺄셈만 제대로 하면 계산력은 나날이 향상될 것이

기 때문이다. 곱셈은 여유가 있는 경우에만 하면 된다.

　그러면 시작해 보자.

　168쪽 〈그림8〉을 보자.

　방법은 덧셈, 뺄셈과 마찬가지다. 가로축의 숫자 0~9행에 세로

축의 ×0, ×1, ×2, …… , ×9를 곱한다.

엄마와 아이가 차근차근 읽어가자.

[0 곱하기 0은 0] ~ 같은 패턴으로 ~ [0 곱하기 9는 0]

[1 곱하기 0은 0] ~ 같은 패턴으로 ~ [1 곱하기 9는 9]

[2 곱하기 0은 0] ~ 같은 패턴으로 ~ [2 곱하기 9는 18]

[3 곱하기 0은 0] ~ 같은 패턴으로 ~ [3 곱하기 9는 27]

[4 곱하기 0은 0] ~ 같은 패턴으로 ~ [4 곱하기 9는 36]

[5 곱하기 0은 0] ~ 같은 패턴으로 ~ [5 곱하기 9는 45]

[6 곱하기 0은 0] ~ 같은 패턴으로 ~ [6 곱하기 9는 54]

[7 곱하기 0은 0] ~ 같은 패턴으로 ~ [7 곱하기 9는 63]

[8 곱하기 0은 0] ~ 같은 패턴으로 ~ [8 곱하기 9는 72]

[9 곱하기 0은 0] ~ 같은 패턴으로 ~ [9 곱하기 9는 81]

〈그림8〉 한 자릿수 곱셈 구구단

여기서부터 시작

	0	1	2	3	4	5	6	7	8	9
×0	0	0	0	0	0	0	0	0	0	0
×1	0	1	2	3	4	5	6	7	8	9
×2	0	2	4	6	8	10	12	14	16	18
×3	0	3	6	9	12	15	18	21	24	27
×4	0	4	8	12	16	20	24	28	32	36
×5	0	5	10	15	20	25	30	35	40	45
×6	0	6	12	18	24	30	36	42	48	54
×7	0	7	14	21	28	35	42	49	56	63
×8	0	8	16	24	32	40	48	56	64	72
×9	0	9	18	27	36	45	54	63	72	81

곱하기도 덧셈, 뺄셈과 마찬가지!
소리 내어 읽어보자!

```
   0  1  2  3  4
×0 0  0  0  0  0
×1 0  1  2  3  4
×2 0  2  4  6  8
×3 0  3  6  9  12
```

0 곱하기 0은 0	1 곱하기 0은 0	2 곱하기 0은 0	3 곱하기 0은 0
0 곱하기 1은 0	1 곱하기 1은 1	2 곱하기 1은 2	3 곱하기 1은 3
0 곱하기 2는 0	1 곱하기 2는 2	2 곱하기 2는 4	3 곱하기 2는 6
0 곱하기 3은 0	1 곱하기 3은 3	2 곱하기 3은 6	3 곱하기 3은 9
0 곱하기 4는 0	1 곱하기 4는 4	2 곱하기 4는 8	3 곱하기 4는 12
0 곱하기 5는 0	1 곱하기 5는 5	2 곱하기 5는 10	3 곱하기 5는 15
0 곱하기 6은 0	1 곱하기 6은 6	2 곱하기 6은 12	3 곱하기 6은 18
0 곱하기 7은 0	1 곱하기 7은 7	2 곱하기 7은 14	3 곱하기 7은 21
0 곱하기 8은 0	1 곱하기 8은 8	2 곱하기 8은 15	3 곱하기 8은 24
0 곱하기 9는 0	1 곱하기 9는 9	2 곱하기 9는 16	3 곱하기 9는 27
4 곱하기 0은 0	5 곱하기 0은 0	6 곱하기 0은 0	7 곱하기 0은 0
4 곱하기 1은 4	5 곱하기 1은 5	6 곱하기 1은 6	7 곱하기 1은 7
4 곱하기 2는 8	5 곱하기 2는 10	6 곱하기 2는 12	7 곱하기 2는 14
4 곱하기 3은 12	5 곱하기 3은 15	6 곱하기 3은 18	7 곱하기 3은 21
4 곱하기 4는 16	5 곱하기 4는 20	6 곱하기 4는 24	7 곱하기 4는 28
4 곱하기 5는 20	5 곱하기 5는 25	6 곱하기 5는 30	7 곱하기 5는 35
4 곱하기 6은 24	5 곱하기 6은 30	6 곱하기 6은 36	7 곱하기 6은 42
4 곱하기 7은 28	5 곱하기 7은 35	6 곱하기 7은 42	7 곱하기 7은 49
4 곱하기 8은 32	5 곱하기 8은 40	6 곱하기 8은 48	7 곱하기 8은 56
4 곱하기 9는 36	5 곱하기 9는 45	6 곱하기 9는 54	7 곱하기 9는 63
8 곱하기 0은 0	9 곱하기 0은 0		
8 곱하기 1은 8	9 곱하기 1은 9		
8 곱하기 2는 16	9 곱하기 2는 18		
8 곱하기 3은 24	9 곱하기 3은 27		
8 곱하기 4는 32	9 곱하기 4는 36		
8 곱하기 5는 40	9 곱하기 5는 45		
8 곱하기 6은 48	9 곱하기 6은 54		
8 곱하기 7은 56	9 곱하기 7은 63		
8 곱하기 8은 64	9 곱하기 8은 72		
8 곱하기 9는 72	9 곱하기 9는 81		

슈퍼엘리트로 키우는
한 자릿수 나눗셈 구구단

이번에는 172쪽 〈그림9〉의 한 자릿수 나눗셈이다.

지금까지와 마찬가지로 가로축의 9~0을 세로축의 9부터 0까지 나누어보자. 나눗셈은 초등학교 3학년에 배운다.

[9 나누기 9는 1.00] ~ 같은 패턴으로 ~ [9 나누기 0은 불가능]

[8 나누기 9는 0.89] ~ 같은 패턴으로 ~ [8 나누기 0은 불가능]

[7 나누기 9는 0.78] ~ 같은 패턴으로 ~ [7 나누기 0은 불가능]

[6 나누기 9는 0.67] ~ 같은 패턴으로 ~ [6 나누기 0은 불가능]

[5 나누기 9는 0.56] ~ 같은 패턴으로 ~ [5 나누기 0은 불가능]

[4 나누기 9는 0.44] ~ 같은 패턴으로 ~ [4 나누기 0은 불가능]

[3 나누기 9는 0.33] ~ 같은 패턴으로 ~ [3 나누기 0은 불가능]

[2 나누기 9는 0.22] ~ 같은 패턴으로 ~ [2 나누기 0은 불가능]

[1 나누기 9는 0.11] ~ 같은 패턴으로 ~ [1 나누기 0은 불가능]

[0 나누기 9는 0] ~ 같은 패턴으로 ~ [0 나누기 0은 불가능]

여기서 소개한 한 자릿수 곱셈 나눗셈은 초등학교 2~3학년에서 배우므로 못 하더라도 전혀 걱정할 필요가 없다.

어디까지나 덧셈과 뺄셈을 마치고 더 높은 단계를 배우고 싶은 아이와 부모를 위한 것이다.

다만 곱셈, 나눗셈의 세계는 흥미진진하게도 이 암산만 마스터하면 초등학교 2~3학년 학력을 갖출 수 있다고 단언하지 못한다. 이밖에도 익혀야 하는 수학 지식이 많이 있기 때문이다.

다만 슈퍼엘리트를 목표로 하여 도전해 볼 가치는 충분히 있다. 여유가 있는 사람은 일찍부터 해보자.

〈그림9〉 한 자릿수 나눗셈 구구단

(소수점 세 자리에서 반올림)

여기서부터
시작

	9	8	7	6	5	4	3	2	1	0
÷9	1.00	0.89	0.78	0.67	0.56	0.44	0.33	0.22	0.11	0
÷8	1.13	1.00	0.88	0.75	0.63	0.50	0.38	0.25	0.13	0
÷7	1.29	1.14	1.00	0.86	0.71	0.57	0.43	0.29	0.14	0
÷6	1.50	1.33	1.17	1.00	0.83	0.67	0.50	0.33	0.17	0
÷5	1.80	1.60	1.40	1.20	1.00	0.80	0.60	0.40	0.20	0
÷4	2.25	2.00	1.75	1.50	1.25	1.00	0.75	0.50	0.25	0
÷3	3.00	2.67	2.33	2.00	1.67	1.33	1.00	0.67	0.33	0
÷2	4.50	4.00	3.50	3.00	2.50	2.00	1.50	1.00	0.50	0
÷1	9.00	8.00	7.00	6.00	5.00	4.00	3.00	2.00	1.00	0
÷0	불가능	불가능	불가능	불가능	불가능	불가능	불가능	불가능	불가능	불가능

172

나눗셈을 할 수 있다면
우리 아이도 슈퍼엘리트 초등학생!

9 나누기 9는 1.00
9 나누기 8은 1.13
9 나누기 7은 1.29
9 나누기 16은 1.50
9 나누기 15는 1.80

9 나누기 9는 1.00	8 나누기 9는 0.89	7 나누기 9는 0.78	6 나누기 9는 0.67
9 나누기 8은 1.13	8 나누기 8은 1.00	7 나누기 8은 0.88	6 나누기 8은 0.75
9 나누기 7은 1.29	8 나누기 7은 1.14	7 나누기 7은 1.00	6 나누기 7은 0.86
9 나누기 6은 1.50	8 나누기 6은 1.33	7 나누기 6은 1.17	6 나누기 6은 1.00
9 나누기 5는 1.80	8 나누기 5는 1.60	7 나누기 5는 1.40	6 나누기 5는 1.20
9 나누기 4는 2.25	8 나누기 4는 2.00	7 나누기 4는 1.75	6 나누기 4는 1.50
9 나누기 3은 3.00	8 나누기 3은 2.67	7 나누기 3은 2.33	6 나누기 3은 2.00
9 나누기 2는 4.50	8 나누기 2는 4.00	7 나누기 2는 3.50	6 나누기 2는 3.00
9 나누기 1은 9.00	8 나누기 1은 8.00	7 나누기 1은 7.00	6 나누기 1은 6.00
9 나누기 0은 불가	8 나누기 0은 불가	7 나누기 0은 불가	6 나누기 0은 불가
5 나누기 9는 0.56	4 나누기 9는 0.44	3 나누기 9는 0.33	2 나누기 9는 0.22
5 나누기 8은 0.63	4 나누기 8은 0.50	3 나누기 8은 0.38	2 나누기 8은 0.25
5 나누기 7은 0.71	4 나누기 7은 0.57	3 나누기 7은 0.43	2 나누기 7은 0.29
5 나누기 6은 0.83	4 나누기 6은 0.67	3 나누기 6은 0.50	2 나누기 6은 0.33
5 나누기 5는 1.00	4 나누기 5는 0.80	3 나누기 5는 0.60	2 나누기 5는 0.40
5 나누기 4는 1.25	4 나누기 4는 1.00	3 나누기 4는 0.75	2 나누기 4는 0.50
5 나누기 3은 1.67	4 나누기 3은 1.33	3 나누기 3은 1.00	2 나누기 3은 0.67
5 나누기 2는 2.50	4 나누기 2는 2.00	3 나누기 2는 1.50	2 나누기 2는 1.00
5 나누기 1은 5.00	4 나누기 1은 4.00	3 나누기 1은 3.00	2 나누기 1은 2.00
5 나누기 0은 불가	4 나누기 0은 불가	3 나누기 0은 불가	2 나누기 0은 불가
1 나누기 9는 0.11	0 나누기 9는 0		
1 나누기 8은 0.13	0 나누기 8은 0		
1 나누기 7은 0.14	0 나누기 7은 0		
1 나누기 6은 0.17	0 나누기 6은 0		
1 나누기 5는 0.20	0 나누기 5는 0		
1 나누기 4는 0.25	0 나누기 4는 0		
1 나누기 3은 0.33	0 나누기 3은 0		
1 나누기 2는 0.50	0 나누기 2는 0		
1 나누기 1은 1.00	0 나누기 1은 0		
1 나누기 0은 불가	0 나누기 0은 불가		

마치며

구보타 집안의 육아법

4살 아이가 비범한 기억력을 보이다

1960년 나는 도쿄대학교 대학원생으로서 고양이의 척수반사기구를 연구하고 있었다. 학위논문은 이미 의학저널에 발표했고 1년 정도 지나면 의학박사 학위를 취득하여 어딘가에 취직할 예정이었다.

그런데 갑자기 지도교수인 도키자네 도시히코 선생님이 미국 유학을 가지 않겠느냐고 제안했다. 연구가 재미있었기에 일단 거절했는데 교수님은 속는 셈치고 다녀와 보라고 거듭 권하셨다.

더 거절할 수 없어 아내(구보타 가요코)는 일을 그만두고 필요한 경비 100만 엔은 부모님이 50만 엔씩 내주셔서(직장인 월급이 2만 엔 대던 당시로서는 대단히 큰돈이었다) 1960년 12월 1일 하네다 공항에서 출발했다.

목적지는 오리건 주립의과대학의 생리학 교실이었다. 미국 생리학회 회장을 역임했고 생리학전문지 편집위원 및 편집장이자 소뇌 연구자로 유명한 J. M. 브루크하르트 교수의 연구실이다.

국제선으로 샌프란시스코에 가서 국내선 비행기를 갈아타고 교수님에게 전화를 걸었다. 미국에서 장거리전화를 걸 수 있게 된 것은 1920년 무렵이지만 미국식으로 전화를 걸어야만 했다.

우선 공중전화로 교환원에게 수신자를 말한다. 지명 통화인지 수신자 부담 통화인지 말하고 동전(공항에서 동전을 대량으로 준비하는 것도 쉽지 않은 일이었다)으로 요금을 투입하면 연결해주었다.

상대방은 외국인이 직접 전화를 걸었다는 사실에 깜짝 놀랐다. 교수님이 공항에 마중을 나와 주셨다. 교수님의 왜건을 타고 호텔로 가게 되었는데 당시 네 살이던 큰아들이 그 차를 보고 '○○년식 닷지!'라고 외쳐서 교수를 놀라게 했다.

큰아들은 미니카 장난감을 좋아해서 수입 장난감차를 가지고 놀았는데, 실물 미국차를 처음 보고는 몇 년 형 자동차라고 말한 것이다. 전전두영역을 단련하면 장기기억도 단기기억도 기억능력이 높아진다.

그로부터 몇 년 후 태평양 연안에 조개를 주우러 갔는데 바로 근처에서 작은 회오리바람이 일었다. 큰아이를 휘감아 30cm정도 들어올렸다.

금세 착지하여 아무 상처는 입지 않았지만 그것이 회오리바람을 본 첫 경험이었다.

최근 일본에서도 회오리바람이 발생했다기에 50년도 더 된 회오리바람 사건을 기억하는지 장남에게 물었더니 기억한다며 그당시 주위 풍경을 자세히 설명했다.

아들이 용케도 잘 기억하고 있어서 놀랐다.

그때까지 가족들이 그 일을 화제에 올린 적은 한 번도 없었기 때문이다.

초등학교 4학년 작은아들을 데리고 간 미국 유학 체험

미국 체재 중 친구인 뉴욕 록펠러대학교 뇌과학자의 연구실에 머무른 적이 있다.

미국에서 태어난 작은 아들도 가고 싶어 했기 때문에 미국대사관에서 미국 여권을 발급받아 동행시켜 3개월 정도 호텔생활을 했다.

아침마다 나는 연구실로, 작은 아들은 근처 초등학교 5학년 교실로(일본에서는 초등학교 4학년) 갔다.

한 달쯤 지났을 때 담임선생님이 편지를 보내 아들이 학교에서 어떻게 지내는지 설명해주었다. '아드님은 영어는 서투르지만 칠판에 수식을 쓰면 금세 대답하는 뛰어난 학생입니다'라는 내용이었다.

작은아들은 숫자의 자릿수가 많아도 사칙연산을 쉽사리 해냈기에 그런 평가를 받은 것이다.

그 무렵부터 반 친구가 호텔에 놀러오게 되었고, 개중에는 부모와 함께 오는 아이도 있었다. 친해진 어머니 중 한 분이 가수여

서 호텔의 칵테일바에서 노래를 하기도 했다. 그 어머니가 동행
해준 덕분에 여러 호텔 바에서 무료로 칵테일을 마실 수 있어서
낮에는 연구, 밤에는 바 견학을 하는 바쁘고 즐거운 미국생활을
보냈다.

구보타 가요코는 수학의 천재 오카 기요시에게
가르침을 받았다

수학자 오카 기요시 씨가 제20회 문화훈장을 받은 것은 1960년
11월 3일이다.

그 직후 우리 부부와 큰아들은 미국 포틀랜드를 향했다.

당시 오카 기요시 박사가 뇌에 관심을 갖게 되어 나의 은사인
도키자네 선생님과 만난 적이 있다.

그 때 아내인 구보타 가요코가 자신이 '아, 저 분 아는데!'라고
말했다.

1945년 패전 무렵에 아내는 와카야마 현의 하시모토로 소개
(전쟁 시 공습으로 인한 도시의 피해를 줄이기 위해 시골로 피난시키는 것-옮

긴이)되었고, 초등학교 동급생 중에 오카 기요시 박사의 장녀 스가네가 있어서 친하게 지냈다고 한다.

그림을 좋아했던 아내는 강가에서 자주 그림을 그렸다. 그때 웬 아저씨가 불쑥 나타나서 그림을 지우더니 이상한 수식을 쓰고 설명해주었다고 한다. 그런 일이 한 번이 아니라 몇 번이나 있었다. 그 이상한 아저씨가 오카 기요시 박사였던 것이다.

더는 알아보지 않고 미국에 왔기에 오카 기요시 박사가 아내에게 무엇을 가르쳐주었는지, 왜 그랬는지는 모른다. 어쨌든 아내는 오카 박사에게 여러 이야기를 들었다고 한다. 지금 아내가 숫자를 좋아하는 원인 중 하나로 오카 가요시 박사와의 만남이 있다고 확신한다.

기소 박사는 원숭이를 대상으로 영재 교육을 시작했다

1970년대에 나는 원숭이를 연구하여 '전전두영역의 신경세포는 자극을 받아서 반응할 때, 받은 자극이 어떤 자극이고 어떤 반응을 해야만 하는지 단기기억을 하여 잠시 후에 반응한다'는 것을 밝혔다.

원숭이라도 반응하는 것과 기억하는 것을 하나의 신경세포가 하기 때문에 고도의 인지가 가능해진다고 생각할 수 있다.

1992년 인간의 뇌혈량 변화를 조사할 수 있게 되어 1998년에 사람 역시 같은 패턴으로 반응한다는 것이 밝혀졌다. 까꿍놀이는 이런 반응이다.

인간의 경우는 엄마의 얼굴을 보지 않고 눈앞에 있는 것을 3초 동안 기억할 수 있게 되는 것은 생후 6개월 무렵이다. 원숭이는 언제부터 가능할까?

당시에는 전혀 알려진 바가 없어서 내가 조사하기로 했다. 갓 태어난 원숭이 새끼를 어미에게서 떼어놓고 나와 조수 세 명이 새끼 키우기 특훈을 했다. 저녁부터 아침까지는 내가 당번이었다.

연구 결과 원숭이가 3초 동안 기억할 수 있게 되는 데 3개월이 걸린다는 사실을 알 수 있었다. 사람보다 빠른 이유는 뇌의 발달 방식이 원숭이가 빠르기 때문이다.

가장 힘든 것은 영재 원숭이를 어떻게 빨리 키워내는가였는데 시행착오를 거치며 가장 좋은 방법을 찾아냈다. 이 연구결과를 1994년에 발표했다.

특훈을 받은 새끼원숭이는 그때까지 경험한 적 없는 행동을 하게 되었다. 실험자가 보상으로 주기로 한 사과 조각을 늦게 주거나 잘못 주면 실험자를 보며 뭔가를 말하는 것이었다.

'빨리 줘요, 잘못 주지 마요'라고 하는 것 같은 얼굴도 영리해 보였다.

계산력을 키우면 장래에 틀림없이 큰 도움이 된다. 이 책을 충분히 활용하여 아이가 쑥쑥 성장시키자.

교토대학교 명예교수 의학박사

구보타 기소

최려진

한국외국어대학교 환경학과를 졸업하고 직장생활을 하다가 뒤늦게 일본어에 흥미를 갖고 다시 공부를 시작하여 한국방송통신대학교 일본학과를 졸업했다. 독자들에게 낯선 문화와 새로운 사실을 매끄러운 우리말로 쉽게 전해주는 번역가로 기억되고 싶은 바람으로 고군분투 중이다. 역서로는 《영어는 3단어로》 《하루 10분 엄마 습관》 《유대인 영어 공부법》 《꿈이 없다고 말하는 그대에게》 《단단한 경제학》 《복지강국 스웨덴, 경쟁력의 비밀》 《경제 예측 뇌》 《1일 2분 스트레칭》 《번역자, 짧은 글의 긴 여운을 옮기다》(공역) 등이 있다.

기적의 계산력

1판 1쇄 발행   2018년 2월 20일

지은이   구보타 가요코, 구보타 기소
옮긴이   최려진
발행인   유성권
펴낸곳   ㈜이퍼블릭

출판등록   1970년 7월 28일, 제1-170호
주소   서울시 양천구 목동서로 211 범문빌딩 (07995)
대표전화   02-2653-5131 | **팩시밀리** 02-2653-2455
www.loginbook.com

로그인은 (주)이퍼블릭의 실용서 브랜드입니다.